W0253232

JUSTICE POUR LOUIE SAM

Collection animée par Soazig Le Bail,
assistée de Charline Vanderpoorte.

Titre original : *The Lynching of Louie Sam*
© 2012 Elizabeth Stewart
Publié au Canada par Annick Press Ltd.

© Éditions Thierry Magnier, 2014
ISBN 978-2-36474-508-7

Couverture : Delphine Dupuy
Maquette intérieure : Amandine Chambosse

Loi n° 49-956 du 16 juillet 1949 sur les publications destinées à la jeunesse

ELIZABETH STEWART

JUSTICE POUR LOUIE SAM

TRADUIT DE L'ANGLAIS (CANADA) PAR JEAN ESCH

EDITIONS THIERRY MAGNIER

D'après l'Institut Tuskegee d'Alabama,
entre 1882 et 1968, 4 742 lynchages
ont été commis aux États-Unis.
Au Canada, durant la même période,
il n'y en a eu qu'un seul :
celui de Louie Sam.

Les groupes ont tendance à être
plus immoraux que les individus.

MARTIN LUTHER KING JUNIOR

À Louie Sam

Chapitre un

Territoire de Washington, 1884

Je m'appelle George Gillies. Mes parents sont écossais et je suis né en Angleterre, mais depuis que nous avons émigré, nous sommes tous américains maintenant. Nous vivons près de la ville de Nooksack, sur le Territoire de Washington, juste au sud de la frontière avec la Colombie-Britannique, une province du Canada. Maman dit qu'en nous entendant parler, nous les enfants, on pourrait croire que nous sommes nés ici.

En Écosse et en Angleterre, mon père, Peter Gillies, cultivait les terres des riches propriétaires fonciers. Il aimait raconter, à quiconque voulait bien l'écouter, que nous étions venus en Amérique par goût de la liberté. Mais il s'empressait d'ajouter, avec un clin d'œil, qu'il était surtout intéressé par les terres achetées pour une bouchée de pain à des bûcherons de la vallée de Nooksack. Père estimait que c'était une bonne affaire car ces terres avaient déjà été débarrassées des sapins de trente mètres de haut qui poussaient dans cette région. Notre maison est une petite construction en rondins fabriquée avec ces sapins justement, mais nous avons prévu de bâtir une vraie maison en planches avec un étage, un jour.

Père aime bien plaisanter, mais pas avec la liberté. Il nous répète sans cesse, à nous les enfants, que ces terres nous appartiennent pour toujours et qu'elles nous permettent d'être libres comme nous ne l'aurions jamais été en Grande-Bretagne. Ici, dans ce pays, Père n'a de comptes à rendre qu'à lui-même et à Dieu. Et maman précise qu'il n'obéit à Dieu que le dimanche.

Il y a deux ou trois ans, avec mes frères, nous avons aidé Père à construire un barrage sur la rivière Sumas qui traverse nos terres. Grâce à la retenue provoquée par ce barrage, nous avons installé un moulin. Les autres colons viennent de très loin avec des chariots remplis de blé et de maïs pour que notre moulin les transforme en farine. L'arbre de transmission a été taillé dans le tronc d'un pin, la grande roue et la turbine sont en sapin. Père a le projet de faire venir de l'Est une transmission en acier, une fois que les Canadiens auront achevé la construction de leur chemin de fer à travers la Colombie-Britannique. Et quand nous aurons gagné assez d'argent en vendant la part du meunier, cette quantité de farine que Père prélève en guise de paiement.

Entre le moulin et la ferme, nous travaillons dur, de l'aube au crépuscule. Père affirme que c'est le prix de la liberté. Moi, je m'estime heureux car même si je ne suis pas né libre, je le suis désormais. Ici, dans ces territoires nouveaux, un individu peut devenir ce qu'il décide d'être. Mon ami Pete Harkness est né aux États-Unis, dans le Minnesota précisément, et il ne perd jamais une occasion de me le rappeler.

– Tu ne deviendras jamais président, aime-t-il à me répéter.

Il fait allusion au texte de la Constitution qui exige que les présidents américains soient nés sur le sol américain, comme si Pete, qui a déjà redoublé, estimait que le fait d'être né ici le rendait plus apte que moi à occuper ce poste. Nous sommes dans la même classe maintenant, mais Pete a seize ans et, dès qu'il le peut, là encore, il me rappelle qu'il a un an de plus que moi. Maman me dit de ne pas faire attention à lui ; il n'a pas eu la chance de grandir dans une famille croyante comme la nôtre, d'autant que sa mère est morte il y a trois ans et que son père s'est mis à fréquenter Mme Bell. Je n'ai jamais entendu maman raconter des ragots sur Mme Bell, contrairement à d'autres personnes, mais je vois bien, à la façon dont elle pince les lèvres quand elle prononce son nom, qu'elle ne l'apprécie pas.

Dimanche dernier, vous pourriez dire que le destin m'a pris par la main. J'accompagnais mes frères et ma sœur au catéchisme à l'église presbytérienne de Nooksack, à plus de six kilomètres de la ferme, lorsque, à mi-chemin, nous vîmes de la fumée s'élever au-dessus des arbres. En soi, cela n'avait rien d'inhabituel : un matin de février, il aurait été inquiétant de ne pas voir de la fumée sortir d'une cheminée. Mais cette fumée était différente : épaisse et noire.

– Ça vient de la maison de monsieur Bell, dit John.

Il parlait de James Bell, un vieux bonhomme qui avait ouvert dans sa maison une sorte d'épicerie qui vendait des produits de première nécessité. Il était aussi le mari légitime de cette Mme Bell qui vivait maintenant sous le toit du père de mon ami Pete.

Nous nous empressâmes de tourner au coin pour découvrir l'origine de cette fumée. Le temps que l'on s'engage dans l'étroit chemin qui traversait un bosquet de cornouillers, des flammes bondissaient au-dessus des arbres. Et quand nous débouchâmes dans la clairière, la maison brûlait comme du petit bois. Le feu jaillissait par les fenêtres de la pièce de devant, là où M. Bell entreposait sa marchandise. Si je l'avais laissé faire, John – qui a treize ans et croit tout savoir – se serait précipité vers le brasier. Et Will, qui avait un an de moins que John mais était son portrait craché, lui aurait emboîté le pas.

– Monsieur Bell ! criai-je de loin, en retenant mes frères.

Aucune réponse, uniquement les craquements du bois qui éclatait. J'envisageai de courir chercher de l'aide à la ferme la plus proche, chez les Breckenridge, mais il m'aurait fallu vingt bonnes minutes pour y arriver, et autant pour revenir.

Je fis une nouvelle tentative :

– Monsieur Bell ?

– Il ne t'entend pas, dit John.

Je dus reconnaître qu'il avait raison. Le souffle du feu et les cris du bois dévoré par les flammes faisaient trop de bruit. Il n'y avait pas d'autre solution que d'approcher prudemment pour essayer de jeter un coup d'œil à l'intérieur de cet enfer.

– Reste ici avec Annie, ordonnai-je à Will.

Annie n'a que neuf ans et je voyais la terreur dans ses yeux écarquillés.

John et moi nous dirigeâmes prudemment vers l'arrière de la maison, épargnée pour l'instant par le feu. En regardant par une fenêtre, au passage, nous vîmes M. Bell allongé à plat ventre sur le sol, entre son magasin et la cuisine, au fond. Un brouillard de fumée emplissait rapidement l'espace au-dessus de lui.

– Il faut le sortir de là ! déclara John.

– Espérons qu'il y a une porte derrière, criai-je pour couvrir le vacarme car il était évident que nous ne pouvions pas entrer par-devant.

Nous courûmes jusqu'à l'arrière de la maison et fûmes soulagés de découvrir qu'il était possible d'accéder directement à la cuisine. Lorsque nous ouvrîmes la porte, la fumée se jeta sur nous. Elle nous brûla les yeux et nous aveugla, mais après quelques secondes elle se dissipa, suffisamment pour nous permettre d'apercevoir M. Bell, toujours couché sur le sol.

– Monsieur Bell ! criai-je encore une fois, mais il ne bougeait pas.

Le feu se propageait à toute vitesse. Il fallait sortir le vieil homme de là.

– Retiens ta respiration ! dis-je à John.

Nous nous ruâmes à l'intérieur. Sans doute que le fait d'être frères se révéla bénéfique ce jour-là car, sans avoir besoin de nous concerter, nous prîmes chacun un bras de M. Bell pour le traîner hors de cette fournaise, comme si ses membres étaient les branches d'un tronc d'arbre avec lequel nous voulions consolider notre barrage sur la rivière. Il était relativement lourd et même à deux nous progressions lentement vers la porte de derrière. Un grand fracas provenant de la pièce de devant me noua l'estomac et je sentis le goût de la peur dans ma gorge. En levant la tête, je vis des poutres en feu s'écrouler et le ciel apparut, là où se trouvait le toit une seconde plus tôt ! Je regardai John : s'il avait peur autant que moi, il ne le montrait pas. Il continuait à traîner M. Bell vers la sortie. Je l'imitai. Enfin, nous pûmes l'allonger dans l'herbe et remplir nos poumons d'air frais.

John faisait peine à voir avec son visage marbré de traînées noires et ses beaux vêtements du dimanche couverts de cendre et de suie. Sans doute devais-je offrir le même spectacle. Ma première pensée fut que maman allait nous filer une raclée. Mais cette préoccupation s'envola quand je reportai mon attention sur M. Bell. Il n'avait toujours pas bougé et j'en découvris la raison : l'arrière de son crâne n'était plus qu'une bouillie sanglante. John avait blêmi. Annie et Will étaient figés, comme leurs regards. Mon estomac se souleva. J'avais tranché la tête de nombreux poulets et vu le sang jaillir, mais là, c'était différent.

– Qu'est-ce qui lui est arrivé ? demanda Annie, d'une voix aiguë.

– Il est mort ? interrogea Will.

Je m'agenouillai pour retourner le vieil homme sur le dos. Ses yeux étaient écarquillés. Sa peau était grise par contraste avec sa barbe blanche et j'aurais pu compter combien de dents il lui restait car il avait la bouche grande ouverte. Ma première réaction fut :

– Il faut aller chercher le docteur Thompson.

– À quoi ça sert, bon Dieu ? grommela John. Tu vois pas qu'il est mort ?

– Ne jure pas devant Annie.

– Il a l'air surpris, commenta-t-elle.

– Tu serais surprise, toi aussi, si on te fracassait le crâne, dit John.

– À votre avis, qu'est-ce qui s'est passé ? demanda Will.

Tous les trois contemplaient M. Bell avec une curiosité déplacée, étant donné que son âme avait quitté cette terre depuis peu. J'avisai une couverture de cheval sur un tas de bois et l'étendis sur le corps.

– Ce n'est pas à nous de le dire, répondis-je. Il faut prévenir le shérif.

Chapitre deux

La maison de M. Bell se trouvait à environ trois kilomètres de Nooksack. John et moi discutâmes pour savoir qui, de nous deux, devait aller alerter le shérif Leckie et qui devait rester avec Annie, qui avait commencé à pleurer comme une Madeleine en disant qu'elle ne voulait pas rester seule en présence d'un mort.

– Arrête de chialer, lui dit John. D'abord, personne ne l'aimait, ce vieil idiot.

– Laisse-la tranquille, dis-je.

Annie colla sa tête contre ma poitrine, ajoutant des larmes et de la morve aux traînées noires sur ma veste et choisissant par ce geste celui qui aurait le privilège d'aller annoncer au shérif la plus grande nouvelle qu'ait jamais connue la vallée de Nooksack.

– Bon, d'accord, vas-y, dis-je à John. Emmène Will avec toi. Et cours !

– Je sais courir ! répliqua John, qui voulait toujours avoir le dernier mot.

Sur ce, nous remontâmes vers la route tous les quatre. Annie et moi regardâmes nos deux frères foncer en direction de la ville, jusqu'à ce qu'ils disparaissent. Maintenant qu'elle s'était éloignée de la maison en feu, et surtout du cadavre qui gisait sous la couverture, Annie retrouva son calme.

– On ferait bien de rentrer à la maison, dit-elle. Il faut raconter à Père ce qui s'est passé.

Maman devait accoucher d'un instant à l'autre et Père était resté à la maison, au lieu de se rendre à l'église, pour l'aider à s'occuper d'Isabel, âgée de seulement trois ans. De toute façon, papa n'est pas très pratiquant et il n'aime guère les pasteurs. Il dit qu'il n'a pas besoin d'un intermédiaire entre lui et le Tout-Puissant. C'est un esprit indépendant, et c'est ce qui l'a incité à venir vivre en Amérique, au départ. En fait, c'est maman qui nous oblige, nous les enfants, à aller au catéchisme. Elle prétend que depuis notre installation sur le Territoire de Washington, Père se laisse un peu trop influencer par l'esprit des pionniers.

– Non, il faut attendre ici, dis-je. C'est nous qui avons découvert le corps. Nous sommes témoins. Le shérif Leckie voudra nous interroger.

– John peut tout lui raconter aussi bien que toi.

Voilà que ma petite sœur me tenait tête elle aussi ! Je commençais à croire que je n'imposais plus le respect à mes cadets.

– Reste ici, lui dis-je en montrant une souche sur laquelle elle pourrait s'asseoir.

– Où tu vas ?

– Enquêter.

– Enquêter sur quoi ?

– Ce qui est arrivé à ce pauvre monsieur Bell.

– John dit que personne ne l'aimait.

– Ce n'est pas pour ça qu'il méritait de mourir.

Les gens disaient qu'il était un peu dérangé, ce qui expliquait pourquoi il avait choisi de construire sa maison au bord d'un marécage et non pas sur une bonne terre cultivable. C'était peut-être aussi pour ça que Mme Bell était partie en emmenant leur fils Jimmy. Et aussi parce qu'elle avait la moitié de son âge.

– Pourquoi il aurait mérité de mourir ? demanda Annie.

– Je viens de dire le contraire.

– À t'entendre, on croirait que quelqu'un avait envie qu'il meure.

– Reste assise là ! lui ordonnai-je et je m'enfonçai de nouveau dans le bosquet de cornouillers avant qu'elle continue à pinailler.

Lorsque je débouchai dans la clairière, la chaleur émanant de la maison en feu aurait suffi à me roussir les cheveux. J'en fis le tour en passant au large. Après avoir ravagé presque tout l'intérieur et l'extérieur, les flammes bondissaient vers un hangar situé à l'arrière. Un court instant j'envisageai d'essayer de sauver un chariot entreposé là, mais le feu progressait trop vite, avec trop de fureur. Au moment où je regardais le toit du hangar s'écrouler sur le plateau du chariot, une pensée me vint : où était le cheval de M. Bell ?

– Ne reste pas là !

Je me retournai vivement pour découvrir M. Osterman qui me faisait de grands gestes, à l'orée de la clairière. Annie se tenait à côté de lui. Bill Osterman est le télégraphiste de Nooksack. On le voit souvent inspecter à cheval les lignes qui longent la route. Bien qu'il ait à peine trente ans, il est très respecté dans les environs car c'est le télégraphe qui nous permet, à nous colons, de rester en contact avec les États de l'Est et avec la Californie au sud. Je me suis souvent dit que j'aimerais devenir comme lui, pour vivre dans une jolie petite maison, sans être obligé de me lever avec les vaches.

– Écarte-toi de là, mon gars ! brailla-t-il. Tu vas te faire rôtir !

J'obéis.

– On a découvert monsieur Bell ! lui criai-je en marchant vers lui.

À mon grand étonnement, ma voix se brisa lorsque je prononçai ces mots et ma gorge se serra : j'allais me mettre à pleurer comme une fille. Je détournai la tête, le temps de me ressaisir, et montrai le corps sous la couverture, dans l'herbe.

– Il est là.

M. Osterman s'approcha et souleva la couverture, juste le temps de se faire une idée, puis il la laissa retomber et recula. Il est toujours bien habillé, comparé aux fermiers, et peut-être qu'il ne voulait pas salir ses beaux vêtements.

– Vous l'avez trouvé comme ça ? demanda-t-il d'un air sévère.

– Il était à l'intérieur. Avec mon frère John, on l'a traîné dehors.

– Et on peut savoir qui tu es ?

– George Gillies, monsieur.

Il regarda brièvement Annie.

– Vous êtes les gamins de Peter Gillies ?

– Oui, monsieur. On se rendait à l'église. John et Will sont partis chercher le shérif Leckie.

Il hocha la tête et dit :

– L'église sera encore là dimanche prochain. Tu ferais mieux de ramener ta sœur à la maison, mon gars. Ce n'est pas un spectacle pour une fillette.

Une partie de moi-même savait qu'il avait raison, mais une autre partie, plus importante, voulait rester.

– Il faut que j'attende mes frères.

– Je vais attendre qu'ils reviennent avec le shérif et je les renverrai chez vous.

– J'aime mieux les attendre, si ça ne vous ennuie pas.

J'ignore d'où me venait ce culot. M. Osterman me regarda avec étonnement, longuement. Je crus qu'il était en colère, mais il laissa échapper un éclat de rire.

– Eh bien, jeune Gillies, je vois que tu es un garçon qui sait ce qu'il veut. (Il redevint sérieux.) Retourne sur la route avec ta sœur. Et préviens-moi quand tu verras arriver le shérif.

Je savais qu'il serait inutile de continuer à discuter. Toutefois, j'estimais qu'il était de mon devoir de l'informer :

– Son cheval a disparu.

M. Osterman balaya du regard l'étroite propriété de M. Bell et s'arrêta sur le petit enclos coincé entre les cornouillers et le marécage.

– En effet. Sans doute a-t-il été volé par celui qui a fait ça.

– Vous croyez que quelqu'un l'a tué ?

Il parut ne pas m'entendre.

– Allez, file. Occupe-toi de ta sœur.

Annie et moi attendîmes au bord de la route, comme me l'avait demandé M. Osterman. Je gardais les yeux fixés sur l'endroit où elle s'enfonçait dans la forêt pour guetter l'arrivée du shérif. Le temps était doux, le soleil me réchauffait la tête. Maintenant que le rugissement des flammes avait cédé la place à quelques craquements de temps à autre, on aurait presque pu oublier qu'une chose horrible s'était produite. Mais l'image du crâne fracassé de M. Bell surgit dans mon esprit.

Celui qui a fait ça, avait dit M. Osterman.

Voulait-il dire que quelqu'un avait assassiné M. Bell ? Dans ce cas, le meurtrier ne devait pas être bien loin. Rien que d'y penser, j'avais des frissons, et cela m'incitait à surveiller Annie de plus près.

Le shérif Leckie arriva une demi-heure plus tard, à cheval, sans John et Will. Ceux-ci le suivaient à pied. En revanche, il était accompagné de Bill Moultray, qui tient le bazar et l'écurie de chevaux de louage au Croisement, un endroit où la rivière Nooksack est la moins profonde et où le bac de M. Harkness assure la traversée. En un sens, M. Bell était le concurrent de M. Moultray, puisque lui aussi vendait des marchandises aux colons. Mais il n'était qu'un grain de poussière à côté de M. Moultray qui approvisionnait les convois empruntant la piste de Whatcom, l'ancienne route de la ruée vers l'or dans les années 1850. Celle qui passait entre le Territoire de Washington et le fleuve Fraser, de l'autre côté de la frontière avec le Canada. M. Moultray est un personnage dans la région, et pas seulement à cause de sa richesse : il se rend fréquemment à Olympia, où il fréquente le gouverneur et des gens importants.

En les voyant arriver tous les deux, je courus prévenir M. Osterman comme il me l'avait demandé. Je le trouvai en train de fouiller, avec un long bâton, dans les cendres fumantes et rougeoyantes, seuls vestiges ou presque de la maison de M. Bell.

– Voilà le shérif ! m'écriai-je.

Il se retourna vers moi, brusquement, surpris.

– Ton père ne t'a jamais appris qu'il ne fallait pas faire peur aux gens ?

Le temps que je lui présente mes excuses et que nous regagnions la route en traversant les cornouillers, le shérif et

M. Moultray arrêtaient leurs chevaux. Ce dernier a l'âge de mon père, il n'est pas aussi jeune et séduisant que M. Osterman, mais il s'habille encore plus élégamment : jamais on ne le voyait sans sa montre en or glissée dans la poche de son gilet. À côté de M. Moultray et de M. Osterman, le shérif Leckie ressemblait à un personnage tout droit sorti du spectacle de Buffalo Bill sur l'Ouest sauvage avec son chapeau et son long manteau poussiéreux. Il parlait aussi lentement qu'il se déplaçait, comme s'il était épuisé par une vie passée à cheval, à affronter des hors-la-loi et des Indiens.

– Alors, qu'est-ce qui se passe ici, Bill ? demanda-t-il en descendant de cheval.

– Apparemment, quelqu'un a fait sauter la tête de Jim Bell d'un coup de fusil, répondit M. Osterman.

En entendant cela, M. Moultray parut aussi stupéfait que moi.

– Qui a pu faire une chose pareille à un vieux bonhomme inoffensif ? demanda-t-il en mettant pied à terre lui aussi.

– À vrai dire, confia M. Osterman, j'ai la désagréable impression d'avoir mis Jim Bell en danger.

Le shérif, occupé à attacher son cheval à un arbre tout proche, en compagnie de M. Moultray, leva la tête et plissa les paupières.

– Pourquoi vous dites ça ?

M. Osterman nous regarda, Annie et moi, avec cet air que prend mon père quand il veut dire à maman une chose que l'on ne doit pas entendre. Le shérif Leckie nous regarda lui aussi.

– C'est vous, les autres gamins Gillies ?

– Oui, monsieur, répondis-je.

– C'est toi qui as découvert le corps ?

J'avoue avoir éprouvé un sentiment de fierté en entendant le shérif du comté de Whatcom me poser cette question.

– Oui, monsieur. C'est moi.

Le shérif Leckie se retourna vers M. Osterman.

– Allons voir ça.

La fumée qui s'échappait des restes de la maison me piqua les yeux dès que nous arrivâmes dans la clairière. Le shérif Leckie, M. Osterman et M. Moultray retournèrent le corps pour examiner son crâne en bouillie. Ils demeurèrent longtemps agenouillés dans l'herbe, à parler entre eux. Annie et moi avions du mal à entendre ce qu'ils disaient car ils nous avaient obligés à demeurer en retrait. Malgré tout, je parvins à saisir quelques bouts de phrases :

– ... ce pauvre vieux fou refusait d'avoir une arme pour se défendre...

– ... trop confiant... il accueillait un tas de vagabonds...

C'était curieux de les entendre reprocher à M. Bell de s'être fait assassiner. Néanmoins, je comprenais ce qu'ils voulaient dire. Très souvent, quand nous passions près de la cabane de M. Bell sur le chemin de l'école, avec mes frères et ma sœur, le vieil homme nous attendait sur la route pour nous offrir un bonbon ou un peu d'eau. Mais ses dents jaunes, sa mauvaise haleine, l'odeur de ses vêtements sales et sa façon de rire comme s'il était le seul à connaître une bonne blague m'incitaient à trouver des excuses pour ne pas nous arrêter et je pressais le pas.

Je continuai à écouter ce que disaient les trois hommes.

– … en plein à l'arrière du crâne…

– … il a dû se retourner pour aller chercher quelque chose…

– … ou il s'est fait surprendre…

Puis M. Osterman demanda :

– Vous croyez que ça pourrait être un coup de l'Indien ?

Un Indien ! L'idée qu'un Indien ait pu assassiner un colon blanc suffit à faire frissonner d'effroi tous ceux qui se trouvaient dans cette clairière car si les Indiens pensaient qu'ils pouvaient tuer l'un de nous en toute impunité, cela voulait dire qu'ils étaient tout aussi capables de déclencher une guerre pour tous nous chasser, hommes, femmes et enfants, de nos maisons.

Quand notre convoi de chariots avait traversé les prairies six ans plus tôt, les anciens nous avaient raconté des histoires à vous faire dresser les cheveux sur la tête. Les sauvages avaient la réputation d'attaquer les convois et de décimer des familles entières, des innocents qui voulaient juste se construire un toit dans ces territoires vierges. Les colons se sont installés récemment dans cette région, peu de temps avant ma naissance, et les Indiens sont largement plus nombreux que nous. Avant notre arrivée, ils se contentaient de pêcher et de chasser, en négligeant des terres que des bûcherons, des mineurs et des fermiers se font un plaisir d'exploiter depuis une vingtaine d'années. Et figurez-vous que les Indiens ont changé d'avis, ils affirment que ce territoire leur appartient et que nous n'avons pas le droit d'être ici, alors qu'ils n'exploitent pas ces terres, à proprement parler.

Dès le berceau, on inculque aux gens l'idée que si un Blanc laisse un Indien prendre le dessus, il y a toutes les chances pour que votre scalp se retrouve pendu à sa ceinture. Nous autres, colons, nous n'oublions jamais qu'il y a huit ans à peine, Crazy Horse et ses guerriers ont massacré le général Custer et ses hommes à Little Big Horn, à l'est d'ici, dans le Montana. La crainte de voir même les Indiens amis se retourner contre nous suffit à inciter chaque fermier, mon père y compris, à verrouiller sa porte le soir et à dormir avec un fusil et une hache près de son lit. Si un Indien avait assassiné M. Bell, plus personne ne dormirait sur ses deux oreilles.

John et Will nous rejoignirent, essoufflés d'avoir parcouru toute cette distance en courant.

– Qu'est-ce qui se passe ? interrogea John, contrarié d'avoir loupé quelque chose.

– Ils pensent que c'est peut-être un Indien qui a fait le coup, dis-je.

– Quel Indien ?

– Écoute et peut-être que tu le sauras.

Il m'agaçait. À cause de lui, je passais à côté de détails importants. La couverture cachait de nouveau le corps de M. Bell, et les hommes s'étaient levés pour poursuivre leur discussion, ce qui rendait leurs paroles plus audibles.

M. Osterman expliquait :

– J'ai fait savoir que je cherchais quelqu'un pour réparer des poteaux télégraphiques, et ce matin, Louie Sam s'est présenté. J'ai tout de suite vu que c'était un individu mauvais. Malgré cela, j'ai longé la ligne avec lui, près d'ici, pour lui montrer le travail à effectuer. Mais il était trop lent pour comprendre ce que j'essayais de lui expliquer. En revanche, quand je lui ai dit que je ne pouvais pas l'engager et que je l'ai congédié, il s'est emporté, au point d'envoyer des signaux de fumée par les oreilles !

– Ça s'est passé ce matin ?

– Oui, shérif. Il s'est présenté au bureau du télégraphe assez tôt pour un dimanche, sur les coups de neuf heures.

Le shérif consulta sa montre de gousset.

– Il est onze heures et quart.

– Ça correspond. Je l'ai laissé sur la route pas très loin d'ici, il y a un peu plus d'une heure. J'ai continué à inspecter la ligne du télégraphe sans lui. Je supposais que Louie Sam était retourné en ville. Mais peut-être que non. Peut-être qu'il a trouvé la maison de Jim Bell.

– Je connais Louie Sam. (Bill Moultray avait repris la parole.) Il appartient à la tribu des Sumas, du côté canadien.

Et je connais son père aussi. On le surnomme Jack Sam Mesatche.

– Jack Sam Le Méchant, traduisit le shérif Leckie qui parlait le chinook, le jargon utilisé par les tribus indiennes de la région pour parler entre elles et se faire comprendre de nous, les Blancs.

– Exact. Jack le Méchant est en prison à New Westminster, pour meurtre.

Cette phrase provoqua un silence, jusqu'à ce que M. Osterman résume l'avis général :

– Les chiens ne font pas des chats.

Si le père était un Indien assassin, le fils l'était certainement, lui aussi. Nous tenions un suspect pour le meurtre de M. James Bell, et ce suspect se nommait Louie Sam.

Chapitre trois

John et moi décidâmes de renvoyer Annie à la maison avec Will et d'attendre près des vestiges de la maison de M. Bell, au cas où le shérif aurait d'autres questions à nous poser. Mais les trois hommes semblaient avoir oublié notre présence. Munis de longs morceaux de bois, ils fouillèrent parmi les cendres rougeoyantes, encore trop chaudes pour être remuées à la main. M. Osterman se servit de son bâton pour soulever une cruche noircie au milieu des restes de marchandises.

– Je parie que Jim Bell a surpris cet Indien en train de se servir, déclara-t-il.

– Difficile à dire, répondit le shérif Leckie en déplaçant des boîtes de conserve qui avaient explosé sous la chaleur. Comment savoir ce qui manque ?

– J'ai trouvé quelque chose ! s'exclama M. Moultray, au milieu des décombres de ce qui avait été la cuisine.

Nous tournâmes tous la tête pour voir le riche marchand donner un coup de pied, avec ses bottes épaisses, dans une boîte métallique déformée par le feu et enfouie sous les cendres. Le couvercle s'ouvrit et une fortune en pièces d'or se déversa dans l'herbe !

Le shérif émit un sifflement entre ses dents.

– Ça m'a pas l'air d'être un vol, commenta-t-il.

M. Osterman s'agenouilla pour compter les pièces, mais en voulant prendre la première, il se brûla les doigts.

– Nom de Dieu ! jura-t-il en soufflant sur sa main.

– Il doit y avoir dans les cinq cents dollars, estima le shérif.

– Louie Sam est passé à côté du gros lot, ajouta M. Moultray.

– Mais il a peut-être pris le cheval de monsieur Bell, signalai-je.

Les trois hommes se retournèrent vers John et moi. Ils paraissaient surpris de constater que nous étions toujours là. Le shérif se massa le menton.

– Personne n'a vu son cheval ce matin ? demanda-t-il.

– Non, monsieur, répondis-je. Quand on est arrivés, il n'était déjà plus là.

– Si cet Indien se déplace à cheval, dit M. Moultray, il est peut-être déjà à des kilomètres d'ici. À la frontière. S'il a décidé de rejoindre sa tribu du côté canadien.

– Un meurtrier doublé d'un voleur de chevaux.

M. Osterman n'avait rien d'autre à ajouter.

Mais sur les coups de midi, Robert Breckenridge, un voisin qui habitait à quelques kilomètres d'ici, arriva en tirant derrière lui un cheval qui, dit-il, était apparu sur ses terres. Ayant reconnu le cheval de M. Bell, il venait le lui rapporter et il eut un choc en découvrant les ruines de la maison, et un choc plus grand encore en apprenant ce qui était arrivé au propriétaire des lieux. M. Breckenridge raconta alors que, pas plus tard que la veille, il avait vu un Indien rôder autour de sa ferme, avec un fusil. Sommé d'expliquer ce qu'il manigançait, il avait affirmé qu'il chassait. Les hommes tombèrent d'accord pour dire que, en toute logique, cet Indien pouvait fort bien être Louie Sam, et ce fusil l'arme du crime.

Sur ces entrefaites, Père arriva à son tour, sur Mae notre jument, pour nous ordonner, à John et à moi, de rentrer à la maison. Les explications de Will et d'Annie l'avaient convaincu de venir nous chercher. Mais je crois qu'il était surtout motivé par la curiosité car une minute plus tard, il était totalement absorbé par le récit que lui faisaient le shérif Leckie et M. Moultray. En l'écoutant pour la deuxième fois, agrémenté des remarques de M. Breckenridge, il devenait évident que Louie Sam était le coupable, même si on ne pouvait plus le traiter de voleur de chevaux. Assassiner un Blanc innocent, de sang-froid, c'était tout à fait ce dont un Indien était capable.

C'est alors que M. Osterman poussa un braillement. Parti inspecter la propriété de M. Bell, il avait découvert des traces qui menaient au marécage. Le shérif Leckie nous ordonna de demeurer en retrait, mais même de loin, j'apercevais dans l'herbe des traînées qui avaient pu être faites par des mocassins. Là où les empreintes de pas rejoignaient l'eau, des joncs avaient été piétinés, comme si quelqu'un les avait traversés en courant.

– Louie Sam a dû s'enfuir par là, déclara M. Osterman.

– Pas si vite, intervint le shérif Leckie. Ces traces peuvent avoir été laissées par un cerf.

– Mais shérif..., m'exclamai-je, ce hors-la-loi est peut-être en train de nous échapper !

Père se tourna vers moi, se rappelant soudain que j'étais là.

– Je croyais t'avoir dit de rentrer à la maison.

– Ne le grondez pas, monsieur Gillies, dit M. Osterman. George s'est montré fort utile aujourd'hui.

– Moi aussi ! ajouta John.

– Silence, tous les deux, tonna Père. Sinon, je vous renvoie immédiatement.

John et moi en déduisîmes que nous étions autorisés à rester, tant que nous ne nous faisions pas remarquer.

Pendant ce temps, le shérif Leckie réfléchissait.

– Cet Indien a eu deux ou trois heures pour filer. Il a sûrement pris la direction du nord. Une fois qu'il aura franchi la frontière, ce sera aux Canadiens de décider ce qu'ils veulent faire de lui.

Cette réflexion provoqua la colère de M. Breckenridge, un petit homme qui compensait par une énergie furieuse les centimètres qui lui faisaient défaut.

– Jim Bell était l'un des nôtres ! Un habitant de la vallée de Nooksack. Cet Indien doit payer pour ce qu'il a fait !

– Je ne dis pas le contraire, Bob, répondit le shérif avec son élocution d'une lenteur d'escargot. Mais nous avons nos lois et les Canadiens ont les leurs.

– Si nous partons vers le nord immédiatement, nous pouvons encore le rattraper avant qu'il traverse la frontière. Car après, rien ne nous dit que les Canadiens nous le remettront.

M. Breckenridge partageait ce point de vue.

– Vous devez arrêter ce sauvage avant qu'il nous échappe, shérif.

Celui-ci tira sur son menton.

– Oui, je crois que je ferais bien de me mettre en route.

– Je viens avec vous, déclara M. Breckenridge. Vous ne devez pas affronter seul ce chien de Peau-Rouge.

Il fut décidé que M. Breckenridge accompagnerait le shérif Leckie. Nous autres, nous restâmes ici pour essayer de découvrir où menait la piste du marécage, conduits par M. Osterman. Nous progressions difficilement dans l'eau, essayant de trouver des appuis stables pour poser les pieds. Au bout de cinq minutes, je grelottais, mais pas question de me plaindre, de peur de passer pour une femmelette incapable de suivre les hommes. Je jetai un coup d'œil par-dessus mon épaule pour essayer de voir si John en bavait autant que moi : son air obstiné m'apprit que oui.

C'était astucieux de la part de cet Indien de s'enfuir par le marécage qui avait avalé ses empreintes comme il essayait d'avaler nos chaussures. Mais M. Osterman s'y entendait pour repérer les signes de son passage : une branche brisée ici et, là, un mouchoir accroché à un buisson. Nous trouvâmes des boîtes de haricots et de corned-beef qui provenaient certainement du magasin de M. Bell, comme si, dans sa précipitation, Louie Sam les avait laissées tomber. Mais le plus étrange, c'était cette vieille paire de bretelles que nous découvrîmes dans les ronces. Tandis que nous continuions à avancer, les hommes en vinrent à évoquer la question qui occupait tous les esprits :

– Quand les Nooksacks apprendront la nouvelle, cela risque d'entraîner des troubles, dit M. Moultray.

Les Nooksacks était le nom que portaient les Indiens de la région, de ce côté-ci de la frontière, et qui avait servi à baptiser également notre ville et la rivière. Du côté canadien, ils s'appellent les Sumas. À en croire les Indiens, ils formaient tous une seule et grande famille autrefois, jusqu'à ce que la frontière traverse leurs territoires de chasse et les sépare, il y avait de cela vingt-cinq ans. D'après M. Breckenridge, que Père considère comme un spécialiste dans quasiment tous les domaines, les Indiens continuent néanmoins à se rassembler pour de grandes fêtes païennes et sauvages qu'ils nomment des potlatchs. Même si Louie Sam était un Sumas qui venait du Canada, la crainte était qu'il se vante d'avoir tué un homme blanc auprès de ses cousins du côté américain. Cela faisait des années que les Nooksacks affirmaient avec virulence que ces terres leur appartenaient. S'ils avaient l'impression qu'ils pouvaient se débarrasser des colons simplement en les abattant comme des chiens, nous risquions de nous retrouver face à une insurrection de grande ampleur, à l'image de ce qui s'était passé dans l'Oregon et le Dakota, jusqu'à ce que l'armée américaine montre à ces Indiens qui commandait. Malheureusement, le poste militaire le plus proche se trouvait à presque cinq cents kilomètres au sud, à Fort Walla. Les Indiens de la vallée de Nooksack savaient donc que nous étions quasiment sans défense, et qu'ils étaient bien plus nombreux.

– Nous n'avions pas ce genre de problème quand Bill Hampton était vivant, fit remarquer Père.

M. Hampton était le passeur du Croisement avant qu'il se noie et soit remplacé par le père de mon ami Pete, Dave Harkness.

– Bill savait parler aux Nooksacks. Ils l'écoutaient.

M. Osterman émit un petit rire cassant : manifestement, il ne partageait pas l'avis de Père au sujet de feu M. Hampton.

– Parce qu'il était en ménage avec une de leurs femmes et qu'il avait lui-même deux enfants indiens.

Il parlait d'Agnes, l'épouse indienne de M. Hampton, qui habite maintenant près de chez nous à Sumas Creek avec ses deux fils métis. Il ajouta :

– Nous devons faire un exemple de Louie Sam avant que les Nooksacks ne se mettent des idées en tête.

– C'est certain, confirma Père.

– Nous verrons bien ce que dit le shérif à son retour, conclut M. Moultray.

Calme et réfléchi, il avait toutes les qualités d'un leader naturel. C'était lui qui avait pris la tête des revendications pour forcer le gouvernement américain à nous accorder le statut d'État, avec nos propres lois, au lieu d'être simplement un territoire géré par le président, là-bas à Washington D.C.

Nous atteignîmes un gros et vieux tronc d'arbre qui se dressait hors du marécage, en diagonale, et nous grimpâmes dessus. De l'autre côté, nous apercevions des empreintes de pas à moitié immergées, là où avait atterri Louie Sam en sautant du tronc. À partir de là, la végétation devenait plus dense et la piste s'effaçait peu à peu. Les hommes décidèrent qu'il ne servait à rien de continuer. Si quelqu'un pouvait attraper le fugitif, c'était le shérif.

Nous regagnâmes la maison carbonisée de M. Bell. Les ruines ayant refroidi, il était plus facile de fouiller parmi les vestiges, mais il ne restait presque rien. Visiblement, M. Bell ne possédait pas grand-chose, même avant que l'incendie transforme tout en cendres. Il n'avait que les cinq cents dollars en pièces d'or conservés dans la boîte en fer.

– Je vais la garder dans mon coffre-fort, chez moi, en attendant que l'on décide ce qu'il faut en faire, proposa M. Moultray.

– Et le corps ? demanda Père.

– Autant le transporter chez moi également, dit le commerçant. Je l'installerai dans la remise jusqu'à ce qu'on l'enterre. Et je peux loger son cheval dans ma grange pour l'instant.

Père fit remarquer :

– Je pense que quelqu'un devrait aller informer madame Bell.

Ces paroles firent taire tout le monde. Personne ne voulait se porter volontaire pour cette mission. D'autant que la situation était compliquée, Mme Bell ayant quitté son mari un an plus tôt pour vivre avec le père de Pete.

Soudain, Père se souvint d'un détail :

– Monsieur Osterman, dit-il, votre épouse, Maggie, est bien la sœur de Dave Harkness, non ?

– Exact.

Voyant où Père voulait en venir, M. Moultray conclut à sa place :

– Elle fait donc un peu partie de votre famille, dit-il à M. Osterman. Il est logique que ce soit vous qui alliez annoncer la nouvelle à madame Bell.

Pour atténuer un peu le poids de cette corvée, il ajouta :

– Je crois qu'elle ne sera pas trop triste.

Un long silence s'ensuivit, là encore. À voir la façon dont Père nous regardait, John et moi, j'eus le sentiment que d'autres commentaires auraient été échangés si nous n'avions pas été présents.

Chapitre quatre

Le shérif Leckie et Robert Breckenridge n'atteignirent pas la frontière canadienne le dimanche après-midi. Ils furent arrêtés en chemin par la découverte d'un nouveau témoin, qui n'était autre que Pete Harkness. C'est par lui que j'appris toute l'histoire, directement, le lundi à l'heure du déjeuner, devant l'école.

– Je revenais de Lynden…

– Qu'est-ce que tu fabriquais là-bas ? lui demandai-je.

Lynden est presque à dix kilomètres de Nooksack.

– Je faisais une course pour mon père. Mais arrête de m'interrompre !

Pete adore s'écouter parler. Ce n'est peut-être pas le garçon le plus intelligent de l'école, mais je sais par ma petite sœur Annie que toutes les filles de la classe – qui commence au cours préparatoire – le trouvent beau avec ses yeux bleus et ses cheveux ondulés. Il est grand, bien bâti, et il semble croire que son physique avantageux lui permet d'avoir toujours raison.

– Bref, je marchais sur la route en revenant de Lynden, reprit-il, quand j'ai vu Louie Sam venir vers moi, dans la direction opposée. Je vais te dire un truc : l'expression de son visage d'Indien m'a terrorisé, tellement il était sombre et habité par le mal. Il avait une lueur meurtrière dans le regard.

– Tu as vu le fusil dont il s'est servi pour tuer monsieur Bell ?

– Un peu que je l'ai vu ! Mais évidemment, sur le coup, je savais pas qu'il s'en était servi pour tuer monsieur Bell.

Tom Breckenridge nous rejoignit.

– Pete a vu Louie Sam hier, lui dis-je. Il marchait sur la route de Lynden.

– Moi, si je l'avais vu, répondit Tom, il ne serait plus en état de marcher.

Il cracha dans la terre. Tom a l'âge de Pete, mais il est petit et sec comme son père. Et, comme son père, il joue les gros durs pour essayer de compenser sa petite taille. Ignorant ses fanfaronnades, je reportai mon attention sur Pete.

– Qu'est-ce qui s'est passé ensuite ? lui demandai-je.

– Quand je suis arrivé au Croisement, oncle Bill était là, en train de raconter à mon père que monsieur Bell était mort.

– Comment a réagi madame Bell en apprenant la nouvelle ?

– Qu'est-ce que ça peut faire ?

J'aurais dû m'abstenir de poser cette question. Pete ne portait pas dans son cœur sa pseudo belle-mère, ni son fils Jimmy qui vivait sous le même toit que lui maintenant qu'ils étaient censés être frères.

– En tout cas, reprit-il, quand j'ai décrit à papa l'expression maléfique de ce Peau-Rouge, il m'a dit d'aller en parler immédiatement au shérif Leckie. Il m'a même laissé monter Star. J'ai galopé jusqu'au bureau du shérif à Nooksack et je suis arrivé juste à temps car le shérif et ton père… (Il eut un mouvement du menton en direction de Tom) s'apprêtaient à partir vers le nord à la recherche de Louie Sam.

– Alors que pendant ce temps, il marchait vers l'ouest, sur la route de Lynden !

– Exactement. Si je ne l'avais pas croisé par hasard, ils seraient partis sur une fausse piste. En fait, Louie Sam a réussi à se cacher parmi un groupe de Nooksacks, dans un camp qu'ils ont installé près de Lynden.

– Ça veut dire que ses *tillicums* l'ont recueilli, fis-je remarquer.

En langage chinook, *tillicum* signifiait ami.

– Le shérif Leckie a essayé de convaincre leur chef de lui livrer Louie Sam, mais le chef a affirmé qu'ils ne l'avaient pas vu.

– Sale menteur d'Indien ! cracha Tom.

– Comme tous les autres, dit Pete. D'après le shérif, le chef avait une vingtaine de braves avec lui, il n'avait donc pas d'autre choix que d'attendre, en espérant que Louie Sam tenterait de filer. Finalement, il a compris que ça ne servait à rien d'attendre plus longtemps. L'Indien avait pu s'enfuir dans la forêt à n'importe quel moment.

– Pour rejoindre les siens au nord de la frontière, supposai-je.

– C'est ce que pense le shérif, dit Pete. Avec le père de Tom, ils sont partis ce matin en direction du Canada.

– Tu ne m'apprends rien, dit Tom.

Le témoignage de Pete affirmant avoir vu Louie Sam scella le sort de celui-ci. Impossible désormais de nourrir encore des doutes sur la culpabilité de l'Indien. De l'avis général, Louie Sam avait trouvé sur son chemin la maison de M. Bell, peu de temps après sa dispute avec M. Osterman et il avait décidé de se servir dans le magasin. Compte tenu de son tempérament fougueux, il était facile d'imaginer que la moindre protestation de la part de M. Bell avait déclenché sa fureur. Il avait attendu que le vieil homme ait le dos tourné et il l'avait tué. D'un autre côté, les gens disaient que M. Bell était du genre à partager son repas avec tous les gens de passage, alors pourquoi aurait-il refusé quelques conserves à un Indien armé d'un fusil ? Pourquoi aurait-il risqué sa vie pour si peu ? Je fis part de ces réflexions à Pete.

– Tu penses trop, me répondit-il. Louie Sam a tué monsieur Bell, un point c'est tout.

– Comment va Jimmy ?

– Qu'est-ce que j'en sais, moi ?

– C'est son père qui a été tué.

Jimmy Bell a l'âge de mon frère John. Je ne le connais pas très bien, mais je ne pouvais pas m'empêcher d'avoir de la peine pour lui, surtout que sa mère l'avait arraché à son père pour aller vivre chez les Harkness.

– Jimmy détestait son père, répondit Pete.

– Pourquoi ?

– Pourquoi tu poses autant de questions stupides, George Gillies ?

Sur ce, Pete alla rejoindre un groupe de garçons qui venaient de commencer une partie de base-ball dans le champ derrière l'école. Parmi eux se trouvaient mon frère John et Jimmy Bell. Ce dernier était un garçon paisible, grassouillet, grand pour son âge, pas du genre à briller en sport ou en classe. C'était à son tour de tenir la batte. Je le regardai exécuter quelques mouvements d'échauffement, louper une balle facile et pousser un juron. Si le décès de son père l'attristait, ça ne se voyait pas. Pete avait peut-être raison : il détestait son père, ou du moins, il ne l'aimait pas beaucoup. Puis je songeai que Jimmy éprouvait peut-être plus de colère que de chagrin face à ce qui s'était passé. C'est sans doute ce que je ressentirais, en tout cas, si mon père avait été assassiné de sang-froid.

M. Breckenridge rentra du Canada dans l'après-midi. Nous l'apprîmes par notre voisin, M. Pratt, qui vint au moulin en fin de journée. Lui-même l'avait appris par M. Hopkins, qui travaille dans le nouvel hôtel qui s'est ouvert en ville et qui se trouvait au Croisement quand M. Breckenridge était entré dans le magasin de Bill Moultray pour raconter son expédition. Les nouvelles voyagent vite d'un bout à l'autre de la vallée, parfois plus vite qu'un télégramme.

– Le shérif et Bob Breckenridge sont allés voir le juge de paix canadien à Sumas, un certain monsieur Campbell, dit M. Pratt qui possédait un talent inné pour conter les histoires et jouait du violon quand il y avait un bal en ville. Comme Père, il est né en Écosse.

– Le juge a écouté les preuves apportées par le shérif Leckie et en a conclu que Louie Sam était très certainement le coupable. C'est justement le juge Campbell qui a envoyé le père de Louie Sam derrière les barreaux pour meurtre, il n'a donc pas été surpris d'apprendre que le fils avait suivi l'exemple paternel.

– Qu'a-t-il l'intention de faire ? demanda Père en versant le sac de blé de M. Pratt dans la trémie pour le moudre.

– Il a émis un mandat d'arrêt contre Louie Sam. Mais à en croire Bob, le shérif semblait se méfier de ce Campbell. Les Canadiens ont des méthodes et des lois différentes. Alors, le shérif a convaincu le juge de le laisser l'accompagner pour arrêter Louie Sam, afin de s'assurer que justice soit rendue. C'est à ce moment-là que Bob et le shérif se sont séparés et Bob est revenu pour répandre la nouvelle.

– Ce juge de paix espère que les Sumas vont lui remettre Louie Sam, comme ça ? Uniquement parce qu'il a un mandat ?

Les sourcils dressés de Père indiquaient qu'il trouvait cette idée stupide.

– C'est bien ça le problème, Peter, répondit M. Pratt, d'un air entendu. C'est bien ça le problème.

Avant de partir, M. Pratt nous apprit également que des dispositions avaient été prises pour l'enterrement de M. Bell. Les personnes qui souhaitaient lui rendre un dernier hommage devaient se retrouver chez les Hauser mercredi. À en juger par l'atmosphère qui régnait dans la vallée, M. Pratt s'attendait à y voir tous les hommes du district, prêts à accomplir une démonstration de force pour bien faire comprendre aux Indiens que le meurtre d'un Blanc ne passerait pas inaperçu et ne resterait pas impuni.

Chapitre cinq

Le mercredi matin, jour de l'enterrement de M. Bell, ma mère et mon père se disputèrent. Il n'y eut aucun éclat de voix, ce n'était pas le genre de maman. Mais lorsqu'elle est mécontente, ça se voit. Quand Père et moi rentrâmes de la traite, il me suffit de la regarder pour comprendre que quelque chose la tracassait. Elle s'agaçait en essayant de servir le petit déjeuner, gênée à cause de son ventre rond, que par pudeur nous ne devions pas évoquer, nous autres les garçons.

Finalement, Père lui demanda de s'asseoir et de laisser Annie faire le service. Maman obéit, mais sa bouche demeura pincée et elle aida Isabel à verser le porridge.

– Anna, c'est son enterrement, dit Père de but en blanc comme s'il reprenait une discussion qu'il avait eue avec maman un peu plus tôt.

– Je ne te reproche pas d'aller rendre un dernier hommage à monsieur Bell. Ce que je ne supporte pas, c'est cette discussion ridicule.

J'étais curieux de savoir à quelle discussion elle faisait allusion.

– Tu n'as pas conscience de la gravité de la situation, répondit Père en prenant son ton le plus sérieux.

– Je m'entends très bien avec les Indiens, dit maman.

– Quand as-tu affaire aux Indiens ?

– Agnes Hampton m'apporte souvent des baies en échange de quelques œufs. Parfois, un de ses fils me donne un lièvre ou des cailles.

– Cette squaw n'a jamais été madame Hampton, répliqua Père.

La manière dont il avait prononcé ces mots indiquait qu'ils avaient un sens caché qui n'était pas destiné à nos oreilles d'enfants. Mais étant plus informé des choses de la vie que mes frères et sœurs, je savais ce qu'il voulait dire : les Hampton n'avaient jamais été réellement mariés. Cette remarque fit taire maman, mais pas très longtemps.

– Apparemment, rétorqua-t-elle, c'est un crime que l'on pardonne plus facilement à certaines personnes qu'à d'autres.

Là, elle faisait allusion au père de Pete et à Mme Bell, qui eux aussi vivaient ensemble sans être passés devant le pasteur.

– Il y a péché et péché, répliqua Père.

Je ne savais pas trop ce qu'il voulait dire par là, mais maman semblait avoir très bien compris.

– Ces garçons n'y peuvent rien s'ils sont nés métis, dit-elle. Et ce n'est pas parce qu'il y a un mauvais Indien que vous, les hommes, vous devez tous les mettre dans le même sac.

Père tapa du pied.

– Je te prierai de laisser les histoires d'hommes aux hommes. Cette conversation est terminée.

La bouche de maman était plus pincée que jamais.

Je rattrapai Père alors qu'il descendait au moulin, suivi de notre chien Gypsy qui aboyait en direction des bois bordant le chemin. Quelque chose l'excitait ; j'espérais que ce n'était pas un ours ou un puma.

– Papa ?

– Qu'y a-t-il, George ?

– Je croyais que tu aimais bien monsieur Hampton.

– Oui, je l'aimais bien.

– Alors, pourquoi tu penses que c'était un pécheur ? Un plus grand pécheur que monsieur Harkness, je veux dire ?

Père se frotta le menton avec le plat de la main.

– George, tu es presque un homme maintenant. Il faut que tu comprennes comment ça se passe. Dieu, dans Sa grande sagesse, a créé différentes sortes de gens. C'est ce qu'Il a voulu. Alors, quand ces différentes sortes de gens… (Il s'interrompit et recommença.) Quand il s'agit de se marier et d'élever des enfants, il faut que tous ces gens différents restent entre eux. Tu me suis ?

À vrai dire, j'avais du mal. Mais j'étais un homme maintenant, ou presque. Il venait de le dire. Et un homme doit comprendre ces choses-là.

– Évidemment, répondis-je.

– Bien. Allez, file à l'école pour faire rentrer un peu de savoir dans cette caboche.

Les colons ont bâti l'école, constituée d'une salle unique, à l'extrémité ouest de Nooksack, quelques années plus tôt. Il nous faut une bonne heure de marche à John, Will, Annie et moi pour nous y rendre, en suivant le chemin qui conduit à la ville, celui qui passe près de la maison de M. Bell. Trois jours plus tard, une odeur âcre de fumée flottait encore dans l'air. Tous les matins depuis le drame, John et Will voulaient s'y attarder pour explorer les décombres. J'étais obligé de les houspiller pour les obliger à avancer car, si nous arrivions en retard à l'école, Mlle Carmichael, l'institutrice, nous priverait de récréation.

Jimmy Bell était absent ce mercredi matin. Tout comme Pete Harkness. Mlle Carmichael dut hausser le ton pour réclamer notre attention. Nul n'avait la tête à étudier la grammaire ou le calcul. Tout le monde voulait parler de l'enterrement. Est-ce que Jimmy et Pete y assistaient ? Est-ce que Mme Bell y serait ? J'avais déjà aperçu Annette Bell en ville, et plusieurs fois au Croisement quand j'étais allé voir Pete. Elle est jeune, plus jeune que maman, et elle est née en Australie, ce qui en fait une curiosité. Dans la région, les gens viennent plutôt de Grande-Bretagne, du Canada et d'autres États d'Amérique. Tout le monde sait qu'ils envoient des condamnés en Australie.

Difficile d'imaginer Mme Bell amoureuse du vieux M. Bell. En revanche, le père de Pete est grand et fort, large d'épaules, à force de tirer le bac qui traverse la Nooksack : tout à fait le genre d'hommes que certaines femmes, maman veut bien le reconnaître, trouvent séduisant. Et apparemment, les Harkness de sexe masculin sont bien lotis de ce côté-là.

Mlle Carmichael nous demanda de sortir nos ardoises pour résoudre le problème d'algèbre qu'elle avait noté au tableau. Par-dessus les crissements des craies, j'entendis Abigail Stevens murmurer à Kitty Pratt :

– Madame Bell a épousé monsieur Bell uniquement pour son argent.

Abigail a seize ans et, supposai-je, elle connaît ce genre de choses. Je repensai aux cinq cents dollars en pièces d'or que le shérif Leckie avait découverts dans les ruines de la maison, et songeai qu'elle avait peut-être raison.

À midi, Mlle Carmichael, qui souffre de migraines d'origine nerveuse, nous demanda de ne pas revenir à l'école après le déjeuner. Alors, je repris le chemin de la maison avec John, Will et Annie, mais très vite, une autre destination s'imposa. L'enterrement devait débuter à treize heures. Tous les hommes de la vallée de Nooksack seraient présents, et j'avais l'intention d'être là moi aussi. Je dis à John de rentrer à la maison avec les deux petits. Têtu de nature, John refusa d'être laissé sur la touche, et finalement ce fut Willie qui ramena Annie à la maison, pendant que John et moi prenions la direction de la maison des Hauser.

– Pourquoi est-ce que les funérailles ont lieu chez les Hauser ? m'interrogeai-je à voix haute en chemin. Pourquoi pas à l'église ?

À Nooksack, nous avions le choix entre deux églises, une presbytérienne, l'autre méthodiste. Nous, les Gillies, Écossais, nous sommes presbytériens.

– Tu sais pas que le vieux Bell n'était pas croyant ? répondit John.

– C'est Jimmy qui te l'a dit ?

– Jimmy dit que c'était carrément un païen. Pire qu'un Indien en fait, car il avait aucune excuse.

– C'est pour ça que Jimmy et sa mère l'ont quitté ?

– Je sais pas pourquoi ils sont partis.

– C'est comme s'il y avait deux monsieur Bell différents, dis-je, songeur. Des gens affirment que c'était un vieux monsieur adorable, d'une générosité coupable. D'autres prétendent qu'il était dérangé. N'empêche, c'est triste que son propre fils se fiche qu'il soit mort.

John ne fit aucun commentaire.

La ferme des Hauser est située de l'autre côté de Nooksack par rapport à chez nous, au sud de la ville, alors que nous habitons au nord. En revanche, elle se trouve à un jet de pierre du Croisement, où Bill Moultray a son magasin et Dave Harkness son bac. Quand nous arrivâmes avec John, le long chemin menant à la maison était encombré de chariots. Des dizaines de chevaux étaient attachés à des arbres et à la barrière d'un petit corral, dans lequel d'autres étaient enfermés. Ils passaient leurs têtes entre les rondins pour brouter des trèfles. Je reconnus Star, le hongre des Harkness. En approchant de la maison, John et moi tombâmes sur notre jument Mae, attachée au tronc d'un jeune cèdre. Quand John l'appela, elle dressa la tête et nous regarda d'un drôle d'air comme si elle se demandait ce qu'on venait faire ici. Puis elle se remit à manger de l'herbe.

Plusieurs hommes réunis devant la véranda fumaient et parlaient à voix basse. Parmi eux figuraient Bill Osterman, le télégraphiste qui avait conduit les recherches dans les marécages, et le père de Tom Breckenridge, qui avait accompagné le shérif Leckie dans le Nord. Dave Harkness était là, lui aussi. M. Osterman affichait une mine sombre.

– Va-t-on laisser ces Canadiens intervenir dans nos affaires ? demandait-il. Est-ce qu'un Indien meurtrier mérite un procès au même titre qu'un homme civilisé ?

– Certainement pas ! déclara M. Breckenridge.

Bert Hopkins, un petit homme à lunettes, gérant du tout nouveau Nooksack Hotel, prit la parole :

– Que peut-on faire ? Ce sont les Canadiens qui le détiennent maintenant.

– Nous avons ici une prison qui ferait tout aussi bien l'affaire, dit M. Harkness.

– C'est exactement ce que je pensais, ajouta M. Osterman.

À cet instant, mon ami Peter sortit de la maison.

– Papa, oncle Bill, dit-il, ils sont prêts à commencer.

Les hommes échangèrent des regards empreints de gravité et entrèrent dans la maison l'un derrière l'autre.

– Pete ! criai-je.

Il se retourna et grimaça en nous voyant arriver devant la véranda, John et moi.

– C'est pas un endroit pour des gamins, dit-il.

Cette remarque me fit voir rouge. Parfois, Pete se conduit comme un véritable abruti, tout ça parce qu'il a un an d'avance sur moi.

– C'est nous qui avons découvert le corps ! répliqua mon frère. On a le droit d'être ici.

– À l'intérieur, ça parle de choses sérieuses.

– Si tu peux les écouter, moi aussi, dis-je.

– Et moi aussi, s'empressa d'ajouter John.

– J'ai pas envie de perdre mon temps à discuter avec vous, répondit Peter et il retourna dans la maison.

John et moi lui emboîtâmes le pas.

À l'intérieur, il y avait tellement de monde que mon frère et moi n'eûmes aucun mal à échapper au regard de Père posté à l'autre bout de la pièce. Mme Bell n'était pas là, mais son fils Jimmy, si. Une caisse en bois contenant le corps de M. Bell reposait sur deux chaises à une extrémité de la pièce. Jimmy se tenait près du cercueil, l'air maussade, comme s'il n'avait aucune envie d'être ici. John et moi écoutâmes plusieurs hommes dire des choses aimables sur M. Bell. Bill Moultray fut le premier à faire un discours, puis M. Breckenridge et M. Hauser lui succédèrent, mais Jimmy et M. Harkness n'avaient rien à dire sur le défunt.

Quand M. Osterman se leva pour prendre la parole à son tour, il adopta un ton différent. Au lieu de faire l'éloge de M. Bell, il évoqua l'outrage que constituait sa mort. En l'absence de l'armée des États-Unis, expliqua-t-il, il incombait aux hommes de la vallée de Nooksack de protéger leurs femmes et leurs enfants pour leur éviter le sort de M. Bell. Il fallait faire un exemple.

– À l'image des valeureux pionniers qui nous ont précédés, nous devons défendre ce qui nous appartient. À nous de faire en sorte que justice soit rendue !

– Bravo ! Bravo ! s'exclama M. Harkness.

Le brouhaha se répandit dans l'assistance ; chacun opinait du chef et approuvait à voix haute les propos de M. Osterman. Il fallait montrer aux Indiens qui commandait. M. Osterman proposa alors de créer le groupe d'autodéfense de Nooksack, comme l'avaient fait d'autres villes frontières afin de maintenir l'ordre. M. Harkness déclara ensuite que la première tâche du groupe d'autodéfense de Nooksack devrait être de veiller à ce que Louie Sam paie pour ce qu'il avait fait à M. Bell. Un plan prit forme : ils partiraient le jour même pour le Canada, dans le but de châtier l'Indien criminel comme il le méritait car nul dans l'assistance ne semblait croire que les Canadiens feraient ce qu'il fallait.

Pour la première fois, Père prit la parole :

– D'après monsieur Breckenridge, dit-il, le shérif Leckie et le juge de paix canadien se sont rendus chez les Sumas pour procéder à l'arrestation. Par conséquent, nous devrions attendre le retour du shérif pour écouter ce qu'il a à nous dire.

– Peut-être que ça se passe comme ça là d'où vous venez, monsieur Gillies, répliqua M. Osterman, mais nous, nous voulons une justice plus sûre !

– Et plus rapide !

C'était Dave Harkness qui s'exprimait maintenant. À côté de lui, Pete gonflait la poitrine pour essayer de ressembler à son père.

– Pourquoi attendre ? Cet Indien mérite qu'on lui passe la corde au cou !

– Une minute ! intervint M. Stevens, le père d'Abigail. Ils ont des procédures de l'autre côté de la frontière. En agissant de manière inconsidérée, nous risquons de provoquer un incident international.

– C'est l'un des nôtres qui a été tué ! s'offusqua M. Harkness. Ce devrait être à nous de régler ça !

Tout le monde parlait et criait en même temps désormais. Les hommes sentaient l'odeur du sang.

– Et s'il se cache parmi les Sumas ? demanda M. Hopkins. Ils sont plusieurs centaines. Vous croyez qu'ils vont nous laisser débarquer comme ça et emmener un des leurs ?

– Dans ce cas, nous leur montrerons que nous sommes assez nombreux pour leur faire entendre raison ! lança M. Harkness.

– Nous devrions nous déguiser en guerriers ! suggéra M. Breckenridge. Pour rendre à ces sauvages la monnaie de leur pièce !

Le plus grand désordre régnait à présent. Le vacarme aurait pu réveiller ce pauvre M. Bell. Finalement, M. Osterman monta sur la table de Mme Hauser et leva les bras pour réclamer le silence.

– Faites passer le mot à ceux qui ne sont pas là : rendez-vous au Croisement à la tombée de la nuit.

– Attendez !

C'était encore Père. Tous les regards se braquèrent sur lui.

– J'aimerais connaître l'opinion de monsieur Moultray sur cette expédition.

Tout le monde se tourna alors vers M. Moultray, l'homme le plus riche de l'assistance, celui qui avait le plus de poids. Son front était plissé comme s'il réfléchissait intensément.

– Eh bien, Bill ? demanda M. Osterman. Quel est votre avis ?

On aurait pu entendre une épingle tomber : tous attendaient sa bénédiction.

– J'estime, dit-il enfin, que le moment est venu de réagir et de faire ce qui doit être fait.

Ce fut donc décidé. Le groupe d'autodéfense de Nooksack se mettrait en route le soir même, avec des déguisements et sous le couvert de l'obscurité, afin de retrouver Louie Sam et de venger la mort de James Bell.

Chapitre six

Après les débats, tout le monde se rassembla dans une clairière sur la propriété des Hauser, là où ils avaient inhumé deux de leurs bébés morts. John et moi, cachés derrière les arbres, les regardâmes mettre M. Bell en terre, remplir le trou, puis marquer l'endroit à l'aide d'une petite croix en bois semblable à celles qui indiquaient les tombes des deux jeunes enfants. Païen ou pas, M. Bell fut enterré en chrétien. Aussitôt après, les hommes reprirent leurs chevaux ou leurs chariots et rentrèrent chez eux afin de se préparer pour l'expédition nocturne. Il y eut encore une discussion pour savoir comment se déguiser en guerriers. Quelqu'un suggéra qu'ils se peignent le visage pour paraître plus effrayants, comme le faisaient les Indiens Nooksacks et leurs cousins Sumas lors de leurs potlatchs.

Père nous repéra, John et moi, alors qu'il allait rechercher Mae. Il ne fut pas ravi de nous voir.

– Pourquoi vous n'êtes pas à l'école, tous les deux ?

– Mademoiselle Carmichael nous a renvoyés à la maison, expliquai-je.

Et je ne pus m'empêcher de demander :

– Tu vas les accompagner cette nuit ?

– Ne t'occupe pas de ce que je fais, George.

– Monsieur Osterman a dit qu'ils avaient besoin de tous les hommes.

Le visage de Père s'empourpra : il était en colère maintenant.

– Vous étiez à l'intérieur ?

Ce fut John qui répondit, avec son culot habituel.

– Parfaitement. Il est de notre devoir de défendre la vallée de Nooksack.

Père l'observa et je crus qu'il allait laisser éclater toute sa colère, mais bizarrement, il se calma aussitôt.

– C'est bien, John. Mais la meilleure façon de nous aider, c'est de veiller sur ta maman et les petits.

J'ignore ce qui me poussa à réagir ainsi, peut-être la façon dont Père regardait John, comme s'il n'avait rien à m'envier en terme de maturité. Toujours est-il que, sans réfléchir, je déclarai :

– J'irai avec vous !

Père se tourna vers moi et éclata de rire.

– Pour attaquer un village indien ? Non, mon garçon, tu resteras ici.

Sur ce, il grimpa sur Mae et partit au trot, en nous lançant par-dessus son épaule :

– Dépêchez-vous de rentrer à la maison.

John se mit en marche en suivant les traces de Père, mais je ne bougeai pas.

– Allez, viens ! cria-t-il en se retournant. Qu'est-ce que tu attends ?

– Pars devant. J'ai un truc à faire.

– Le seul truc à faire, c'est d'obéir à papa.

– Va, je te dis. Je te rejoins.

– Soit. Si tu as envie de tâter du fouet.

John haussa les épaules et repartit. En vérité, je n'avais aucune raison de rester là. Mon regard se posa sur Pete, qui semblait aussi contrarié que moi. Je le rejoignis.

– Qu'est-ce que tu veux ? demanda-t-il.

– Rien ! aboyai-je sur le même ton. On n'a pas le droit de dire bonjour ?

– Je suis pas d'humeur à échanger des politesses.

Il commença à descendre le chemin. Je lui emboîtai le pas.

– Tu n'attends pas ton père ? demandai-je.

– Il est parti devant.

– Et il t'a laissé ?

– Oui, il m'a laissé. Et alors ?

– Il t'a laissé avec nous, les gamins ?

Pete s'arrêta et se retourna.

– Tu veux que je te colle un gnon, George ?

Il brandit son poing serré. Il n'aurait pas hésité à me frapper. Pete était du genre à agir d'abord et à réfléchir ensuite. Je décidai de me montrer plus malin que lui.

– Je les accompagne ce soir, dis-je.

Il en resta comme deux ronds de flan.

– Ton père est d'accord ?

– Peu importe qu'il soit d'accord ou pas. J'y vais. Il est de notre devoir de défendre la vallée de Nooksack, ajoutai-je, empruntant à mon frère cette phrase qui lui avait si bien réussi avec Père.

Pete me regarda d'un œil narquois.

– Et comment tu comptes faire sans cheval ?

Bonne question. Père monterait Mae. Notre mulet, Ulysse, était tout juste bon à tirer la charrue et parfois la calèche. C'est alors qu'une idée me vint.

– Je sais où trouver un cheval.

– Où ?

– Ils ont mis celui de monsieur Bell dans l'écurie de monsieur Moultray. Et je ne pense pas que monsieur Bell ira se plaindre si je le lui emprunte, vu que c'est pour la bonne cause.

Ça cogitait dans la tête de Pete.

– Je vais avec toi, déclara-t-il.

– Tu n'es pas invité.

Maintenant que j'avais la main, pas question de la lâcher. Mais Pete répliqua :

– Si tu m'emmènes pas avec toi, je vais raconter à ton père et à monsieur Moultray ce que tu manigances.

Il me tenait. J'étais obligé d'accepter. En vérité, je serais bien content de l'avoir avec moi. Nous allions emprunter une route dangereuse.

De retour à la maison, je m'acquittai de mes corvées. Au cours du dîner, Annie dit à maman que je devais couver quelque chose, tout ça parce que, pendant que je coupais du bois et qu'elle nourrissait les poules, elle n'avait pas cessé de me casser les pieds en me demandant quels prénoms je préférais pour le bébé qui allait naître, et je lui avais répondu, un peu sèchement, que je n'avais pas envie de parler. Maman posa sa main sur mon front et confirma que j'étais chaud. Elle m'ordonna d'aller me coucher dès que nous aurions fini de manger. Bien évidemment, elle ne pouvait pas savoir qu'elle facilitait l'exécution de mon plan. Ainsi, je pourrais m'échapper par la fenêtre de la chambre afin de rejoindre les hommes au Croisement. Je pris soin de ne pas regarder John durant le repas, de peur qu'il lise dans mes yeux ce que j'avais en tête.

Pendant ce temps, Père préparait son déguisement. Quand il réapparut enfin, je crus que la mâchoire de maman allait se décrocher.

– Seigneur ! s'exclama-t-elle.

Il avait enfilé sur sa tête un sac en toile de jute provenant du moulin, dans lequel il avait percé deux trous pour les yeux. Le jupon de maman pendait autour de son cou. Les différentes épaisseurs de tissu s'agitaient quand il marchait, telles les plumes duveteuses d'un oiseau. Annie éclata de rire : elle n'avait jamais rien vu d'aussi drôle. Mais Isabel prit peur et Père dut retirer le sac de jute pour qu'elle arrête de pleurer. Remise de sa stupeur, maman exprima sa colère : elle reprocha à Père d'avoir abîmé son jupon en y découpant deux trous pour passer les bras. Elle lui dit à peine au revoir quand il sortit seller Mae. Leur dispute entamée ce matin n'était donc pas terminée.

Je demandai à quitter la table, comme si j'étais trop malade pour finir mon ragoût. Une fois dans la pièce du fond qui nous servait de chambre, je m'empressai d'enfiler ma veste et mes bottes. C'est à ce moment-là que John entra. S'il fut surpris de me voir m'habiller pour filer en douce, il ne le montra pas.

– Alors, tu vas le faire, hein ?

– Tu ne dis rien, surtout. Compris, John Gillies ?

– Compris.

À voix basse, de crainte que maman nous entende dans la pièce voisine, il ajouta :

– Mais tu as intérêt à tout me raconter en revenant.

Je courus presque jusqu'au Croisement. Le soir tombait, rendant ma progression plus difficile sur le chemin, ce qui ne m'empêchait pas d'avancer d'un bon pas. Je ne craignais pas d'être découvert par Père qui avait déjà pris de l'avance grâce à Mae. Mais si j'arrivais en retard, je savais que Pete monterait sur le cheval de M. Bell et partirait sans moi.

Le Croisement est presque un village en soi. M. Moultray a fait construire son magasin près de l'embarcadère du bac et les fermiers viennent de loin pour vendre leurs produits et acheter des provisions ou des fournitures. À côté, il a installé son écurie qui accueille les attelages des chariots et des diligences qui empruntent la piste de Whatcom. Il loge les passagers dans les chambres situées au-dessus de son magasin. Entre les fermiers et les voyageurs, Père dit que M. Moultray s'en met plein les poches.

Le temps que j'atteigne le grand espace dégagé devant l'écurie, il devait y avoir pas loin d'une centaine d'hommes et de cheveux rassemblés là. Il faisait totalement nuit maintenant. La plupart des hommes tenaient des lanternes, tous avaient des fusils à la main. C'était une vision étrange et effrayante : tous ces gens curieusement attifés, beaucoup ayant enfilé les jupes ou les jupons de leurs femmes, comme Père. D'autres avaient simplement retourné leurs manteaux dont la doublure en fourrure leur donnait l'aspect d'animaux velus. Ils avaient presque tous le visage peint, tels des Indiens sur le sentier de la guerre : noircis au charbon de bois avec un trait rouge au-dessus des yeux. Je repérai mon père assis sur Mae : lui aussi avait le visage noirci à la suie maintenant, et notre fusil de chasse reposait au creux de son bras.

Je contournai le rassemblement, en prenant soin de rester dans l'obscurité. Je retrouvai Pete dans la grange de M. Moultray. Il avait sellé le cheval de M. Bell avec du matériel emprunté à je ne sais qui.

– Tu as pris ton temps, dis donc ! me lança-t-il.

– C'est facile pour toi de dire ça, tu habites à côté.

Pete n'avait que cent mètres à parcourir depuis la maison du passeur.

Nous attendîmes à l'intérieur de la grange le départ du groupe d'autodéfense de Nooksack. Nous avions laissé la porte entrouverte pour écouter et observer. M. Moultray, en tant que leader naturel, s'adressa aux hommes avant qu'ils se mettent en route :

– Nous sommes venus de loin, de nombreux États, de nombreux pays, dit-il. En arrivant ici, tout ce que nous avons trouvé, c'est une piste laissée par les chercheurs d'or vingt ans plus tôt et les souches abandonnées par les barons du bois. Nous avons dégagé ces terres à mains nues. Nous avons ensemencé le sol et élevé du bétail. Nous avons installé le télégraphe. Nous avons construit des églises et des écoles. Nous avons bâti une ville.

Il marqua une pause, comme mon père quand il lisait la Bible à voix haute, pour nous permettre d'assimiler les choses importantes. Puis il reprit :

– Nous ne pouvons tolérer que les Indiens menacent tout ce que nous avons créé. Nous ne pouvons pas leur donner l'impression que nous n'avons pas la volonté de défendre ce qui nous appartient. Louie Sam a pris une vie. Il a pris l'un des nôtres. Les préceptes de la civilisation nous indiquent qu'il n'y a qu'une seule façon d'obtenir réparation.

– Pendons-le ! cria quelqu'un.

Une clameur monta de l'assistance. Un meurtre était puni de mort par pendaison. Tout le monde le savait. Pourtant, en regardant Père, je vis à la lumière de sa lanterne qu'il ne faisait pas partie de ceux qui applaudissaient ce choix. Son visage était fermé, grave ; une impression renforcée par le noir de charbon. Je ne comprenais pas. Pourquoi ne faisait-il pas corps avec les autres, alors que la nécessité d'agir s'imposait ?

– En route ! s'écria Dave Harkness.

Joignant le geste à la parole, il éperonna Star, son cheval, pour venir se placer à la hauteur de son beau-frère, M. Osterman. Tous les deux prirent la tête de la horde, en compagnie de M. Moultray. M. Breckenridge et M. Hopkins les suivirent. Tous les autres hommes les suivirent. Ils étaient si nombreux qu'il leur fallut plusieurs minutes pour former un cortège, par groupes de deux ou trois, sur la piste de Whatcom, en direction du Canada. Mon père chevauchait seul, en queue.

Dès que le dernier homme eut disparu, Pete sortit le cheval de M. Bell de la grange.

– Pour la lumière, comment on fait ? demandai-je.

La nuit était claire, mais seul un croissant de lune s'élevait au-dessus des arbres.

– On se débrouillera sans, répondit Pete. Tu veux qu'ils nous repèrent en se retournant ?

Il avait sans doute raison, mais l'idée de chevaucher à travers bois dans le noir me rendait nerveux. Il y avait dans le coin des chats sauvages et des loups qui seraient ravis de faire un festin de viande de cheval. Pendant que j'hésitais, Pete grimpa en selle et prit les rênes.

– Hé, attends un peu, protestai-je. C'était mon idée. C'est à moi de monter devant.

– Arrête de discuter et grimpe !

Je n'avais d'autre choix que de monter en selle derrière Pete. Le hongre de M. Bell était un animal solide, largement capable de supporter notre poids à tous les deux. Pete l'éperonna et il se mit en marche dans le sillage des autres chevaux, comme s'il n'avait pas besoin qu'on lui indique le chemin.

Il n'avait qu'à suivre la horde.

Chapitre sept

Les hommes quittèrent le Croisement en silence ; ils suivirent la piste de Whatcom qui devint Nooksack Avenue, la rue principale de la ville, puis continuèrent vers le nord-est, vers les fermes les plus éloignées et au-delà. Nous étions maintenant entourés de forêts inexplorées. Devant nous, je n'entendais que le bruit étouffé des sabots des chevaux et parfois quelques branches qui se brisaient. Au bout d'un moment, les étoiles apparurent et la nature sauvage parut moins ténébreuse. Malgré cela, nous progressions lentement car même le plus exalté des justiciers ne voulait pas prendre le risque de blesser son cheval en pressant l'allure dans l'obscurité. Je n'osais pas dire un mot à Pete, pas même en murmurant car je savais que ma voix porterait. Après une heure de chevauchée, nous entendîmes des hommes discuter devant nous.

Pete et moi descendîmes de cheval et, en le tirant par les rênes, nous nous rapprochâmes de la horde. Un grand nombre d'hommes avaient mis pied à terre dans une clairière. Leurs lanternes formaient un cercle de lumière autour de quelqu'un ou de quelque chose. Je fis signe à Pete de m'attendre là avec le cheval et j'avançai sans bruit au milieu des arbres pour savoir ce qui se passait, sans me faire repérer. Je reconnus la voix du shérif Leckie qui s'élevait au milieu du cercle. De retour du Canada, il racontait ce qui s'était passé depuis que M. Breckenridge l'avait laissé en compagnie du juge de paix canadien, William Campbell, deux jours plus tôt.

– Une chose est sûre, disait le shérif, ils ont une façon différente de régler le problème des Indiens là-bas. Ils ont réussi à les convaincre que cette foutue reine d'Angleterre est leur grand-mère !

Il expliqua qu'il s'était rendu, avec le juge de paix, dans le village des Indiens Sumas d'où venait Louie Sam. Là, le juge Campbell s'était lancé dans d'interminables discussions avec les chefs sumas, beaucoup trop longues, de l'avis du shérif. Finalement, les Indiens avaient accepté de livrer le criminel. Quand Louie Sam était apparu, il ne semblait pas éprouver le moindre remords pour ce qu'il avait fait. Le juge Campbell lui avait alors expliqué, dans un anglais simple, qu'il était accusé de meurtre, comme son père, Jack Sam Mesatche. Il aurait droit à un procès, comme son père, avec des témoins, mais dans l'immédiat, Louie Sam devait le suivre pour être mis en prison. Le shérif Leckie précisa que l'Indien était plutôt calme, il n'avait pas fait d'histoires quand le juge lui avait passé les menottes.

Dave Harkness intervint :

– Vous voulez dire que vous avez laissé cet Indien là-bas, bien au chaud dans une prison canadienne ?

– Si installer un païen meurtrier dans une cellule avec trois repas par jour, c'est l'idée que les Canadiens se font de la justice, on a un problème, déclara M. Osterman.

Cette remarque provoqua de nombreux cris d'approbation. C'est alors que mon père prit la parole, en haussant la voix pour se faire entendre :

– Le juge Campbell a promis qu'il y aurait un procès. Justice sera donc rendue.

Le silence s'abattit sur l'assemblée ; personne ne s'empressa d'approuver les paroles de Père cette fois.

– Si je vous comprends bien, monsieur Gillies, dit M. Osterman, vous estimez que cet Indien mérite une sorte de clémence.

– Si on leur donne le doigt, ils vous prennent le bras ! cracha M. Harkness.

Les autres hommes exigèrent de passer à l'action. Mais Père n'avait pas fini de parler. Et plus ils braillaient pour le faire taire, plus il semblait décidé à exprimer son point de vue.

– Notre but était de veiller à ce que Louie Sam soit puni pour son geste, conformément à la loi ! s'époumona-t-il. Laissons-le être jugé.

Ça ressemblait bien à mon père de toujours dire ce qu'il avait à dire. Parfois, j'avais l'impression qu'il faisait exprès de soutenir des opinions contraires à celles de la grande majorité des gens. Qu'est-ce qui lui permettait de penser qu'il avait raison et les autres tort ? Pourquoi ne se rangeait-il pas à l'avis général ? Pour la première fois de ma vie, j'avais honte pour lui, et pour moi.

– Voulez-vous que nous laissions un travail inachevé, monsieur Gillies ? lança M. Breckenridge. C'est peut-être ainsi que vous concevez les choses dans le Vieux Monde, mais ici, nous voyons les choses autrement.

– Nous ne pouvons pas laisser Louie Sam débiter un tissu de mensonges devant un tribunal, ajouta M. Osterman. Nous sommes d'accord ?

Une clameur s'éleva. Je vis Père regarder autour de lui comme s'il cherchait au moins un homme dans cette meute qui ne soit pas contre lui. En vain. Alors, il se tut.

Le shérif Leckie reprit la parole :

– Que ce soit bien clair : je n'ai aucun pouvoir de l'autre côté de la frontière et je ne peux pas vous laisser agir sous mon autorité. En revanche, je peux vous dire que le juge Campbell a remis l'Indien à deux agents nommés Jim Steele et Thomas York.

– Thomas York, répéta M. Moultray. J'ai eu affaire à lui. C'est un vieil Écossais rusé.

Quelqu'un s'écria :

– Un de vos compatriotes, n'est-ce pas, monsieur Gillies ?

– Espérons qu'il n'a pas le cœur aussi tendre ! cria un autre.

– Et le crâne aussi vide ! ajouta un troisième.

Cette pique provoqua un éclat de rire général, seul mon père ne riait pas.

– Comment Thomas York est-il devenu agent ? demanda M. Moultray.

– Il a été nommé cet après-midi, pour l'occasion, par son gendre, le juge Campbell, en même temps que cet autre type, Steele. Ils doivent conduire l'accusé au tribunal le plus proche, à New Westminster, dès demain matin.

Je vis M. Harkness et M. Osterman échanger un regard.

– Il faudra nous passer sur le corps, déclara le premier.

M. Osterman demanda :

– Où est Louie Sam maintenant ?

– Il passe la nuit dans la ferme de monsieur York.

– Et où se trouve cette ferme ? demanda M. Harkness.

– À Sumas Prairie, à une dizaine de kilomètres d'ici.

Le shérif Leckie rentra à Nooksack peu de temps après cet échange, laissant les chefs de la troupe ruminer les nouvelles qu'il leur avait apportées. Les perspectives avaient radicalement changé. Les hommes du groupe d'autodéfense ne redoutaient plus de devoir affronter les Sumas afin de capturer Louie Sam. Leur tâche était beaucoup plus simple désormais : il leur suffisait de neutraliser deux agents, dont un vieil homme, dans une ferme. Par conséquent, l'ambiance devint plus légère dans le groupe et quelques plaisanteries fusèrent ; certains affirmant que l'Indien serait bientôt aux premières loges pour assister à sa pendaison. Mais M. Hopkins souligna que si M. York était vieux et faible, ils ne savaient rien de ce deuxième agent, le dénommé Steele. En outre, l'un et l'autre seraient armés.

– Nous sommes cent contre deux ! s'écria M. Harkness. Qu'ils essayent donc de nous arrêter !

Ce défi provoqua de nouvelles acclamations. M. Moultray, resté relativement silencieux jusqu'à présent, fit taire tout le monde.

– Notre but est de mettre la main sur Louie Sam, déclara-t-il de son ton d'orateur. Je refuse de verser le sang de Thomas York ou de ce deuxième agent. Je refuse qu'un autre Blanc soit victime de cette triste histoire.

Ces paroles calmèrent les esprits. Les cinq chefs – MM. Moultray, Osterman, Harkness, Hopkins et Breckenridge – se retirèrent pour discuter et, quand ils rejoignirent la troupe, ils annoncèrent qu'ils avaient un plan. Ils proposèrent que l'un de nous soit envoyé à la ferme des York en éclaireur. Dave Harkness proposa son ami Jack Simpson, un conducteur de diligence qui travaillait à l'écurie de M. Moultray, le meilleur candidat selon lui car Jack était un gars gentil qui saurait gagner la confiance de M. York. De plus, Jack pourrait aisément passer pour un simple voyageur car il ne s'était pas noirci le visage comme la plupart des hommes, et pour ôter son déguisement, il lui suffisait de remettre son manteau à l'endroit. Jack Simpson fut donc choisi. Il devrait expliquer à M. York qu'il cherchait un abri pour la nuit, afin de s'introduire dans la ferme. La troupe le rejoindrait deux heures plus tard.

Cela permit aux autres hommes de retrouver leur calme et de laisser leurs chevaux se reposer. Certains allumèrent des feux de camp. D'autres en profitèrent pour faire un somme. Je m'apprêtais à rejoindre Pete pour lui répéter tout ce que j'avais entendu lorsqu'un hennissement jaillit de l'obscurité et Pete apparut, juché sur le cheval de M. Bell. Tout le monde fut aussitôt sur ses gardes.

– Qui va là ? cria Dave Harkness.

Il pointa son fusil dans la direction de Pete, le doigt sur la détente.

Chapitre huit

– Non, ne tire pas ! hurla Pete, terrorisé. C'est moi, ton fils ! ajouta-t-il.

– Pete ? Montre-toi !

Caché derrière les arbres, je regardai mon camarade avancer dans la lumière des lanternes et des feux de camp. M. Harkness cracha dans l'herbe.

– Je me souviens de t'avoir dit de rester à la maison. À qui est ce cheval, d'abord ?

– C'est celui de monsieur Bell.

– Descends.

Pete descendit du hongre, pendant que M. Moultray s'avançait.

– Tu as pris ce cheval dans mon écurie, mon garçon ? Sans ma permission ?

M. Osterman intervint :

– Inutile de piquer une crise, Bill. Ce cheval appartient aux Harkness, quand on y réfléchit.

– Exact, dit le père de Pete, comme si M. Osterman venait de lui rappeler cette réalité. Il revient à Annette.

– La veuve joyeuse, commenta quelqu'un.

Cette remarque provoqua des éclats de rire, jusqu'à ce que M. Harkness s'écrie :

– Fermez-la !

Son caractère et sa présence physique étaient tels que tout le monde obéit, et vite.

M. Osterman dit :

– Vous devriez être fier de votre gamin, Dave. S'il nous a suivis, ça prouve qu'il est débrouillard.

Je me souvenais qu'il avait dit quelque chose de semblable le matin où nous avions découvert le corps de M. Bell, et cela me donna le courage de sortir de ma cachette. De toute façon, maintenant que Pete avait été découvert sur notre cheval, j'avais le choix entre me montrer ou rentrer à Nooksack à pied, seul, dans la nuit.

– Tiens, tiens, regardez qui voilà ! s'exclama M. Harkness en me voyant apparaître. Monsieur Gillies, c'est le vôtre, je crois ?

Père, qui s'était assis sur un tronc couché, sans trop se soucier de ce qui se passait, tourna la tête en entendant son nom. Il lui fallut un certain temps pour me reconnaître, et un bon moment encore pour surmonter sa surprise. Il se leva et marcha dans ma direction, lentement. Je sentais que les autres hommes le regardaient et je n'aimais pas du tout leurs airs goguenards.

– Je t'avais ordonné de rester à la maison, George.

– Je voulais aider à capturer ce criminel, pour lui faire payer ce qu'il a fait à ce pauvre monsieur Bell.

Je me montrais aussi respectueux que possible, uniquement pour prouver à ces hommes que mon père était un être digne de respect. Mais apparemment, je ne parvins qu'à aggraver les choses, à en juger par le rictus moqueur sur le visage du père de Pete.

– On dirait que tu as plus de cran que ton père, petit, commenta M. Harkness.

Sans un mot, mon père fit demi-tour et retourna vers le tronc qui lui servait de siège. Une partie de moi-même avait envie d'aller m'asseoir avec lui, pour montrer à tous ces rieurs que j'étais de son côté, malgré tout. Mais une autre partie, plus importante, celle qui voulait que justice soit rendue, me disait de demeurer avec la troupe. C'est elle qui l'emporta. Je m'approchai d'un petit feu pour me réchauffer les mains, en demeurant près de Pete et de son père, ignorant le mien. J'éprouvais un sentiment de culpabilité, mais de colère également. Parfois, il allait trop loin dans sa volonté de n'écouter que lui-même.

À l'heure convenue, les hommes se remirent en selle et chevauchèrent vers le nord, en direction de la ferme de M. York, à Sumas Prairie. Pete et moi fûmes autorisés à les accompagner, essentiellement parce que la troupe ne risquait plus d'être attaquée par une bande d'Indiens.

Cependant, M. Osterman nous ordonna de demeurer à l'arrière car il pouvait se passer des choses que des garçons de notre âge ne devaient pas voir.

Le cheval de M. Bell avançait d'un pas court qui lui conférait une démarche chaloupée, mais j'essayais d'imaginer ma satisfaction en voyant le visage de cet Indien quand nous l'aurions enfin attrapé, au lieu de penser que j'étais tassé derrière Pete sur la selle. Vu la façon dont les hommes s'étaient adressés à mon père, je jugeais plus prudent de ne pas faire remarquer à mon camarade que c'était à mon tour de monter devant, pour ne pas subir le même traitement.

Sur les coups de vingt-deux heures, nous approchâmes de la ferme de M. York. Jack Simpson n'étant pas revenu, nous en déduisions qu'il avait réussi à se faire héberger pour la nuit et qu'il nous ouvrirait la porte quand tout le monde dormirait à l'intérieur. Enfin, nous aperçûmes notre destination à la lueur des étoiles : une vaste maison en bois d'un étage qui symbolisait la réussite de M. York. Le pâturage était délimité par des piquets blancs pour empêcher les bêtes de piétiner les parterres de fleurs de Mme York, supposais-je. Tout était calme, pas même un aboiement de chien. M. Osterman arrêta la troupe à deux cents mètres de la maison.

– Nous y sommes, dit-il à voix basse. C'est maintenant ou jamais : la dernière occasion de montrer à Louie Sam ce qu'est la justice américaine.

Il dégaina son revolver et ajouta :

– J'ai besoin de dix hommes pour entrer avec moi.

Presque tous tenaient à accompagner M. Osterman à l'intérieur. Parmi ceux qui furent choisis figuraient le père de Pete, M. Moultray, M. Breckenridge. Mon père, lui, ne faisait pas partie des volontaires, et personne ne lui demanda de se joindre au petit groupe. Le seul leader à demeurer en retrait fut le petit M. Hopkins qui, maintenant que le plan allait être mis à exécution, semblait effrayé par cette entreprise.

– Une fois que nous serons entrés, dit M. Moultray aux autres hommes, rassemblez-vous tous dans le jardin. Pour leur montrer combien nous sommes, au cas où monsieur York ou l'autre agent auraient dans l'idée de nous mettre des bâtons dans les roues.

Dans l'excitation, je suppose, on nous avait oubliés, Pete et moi, car personne ne rappela que nous étions trop jeunes pour assister à ce qui allait se passer. Au milieu des hommes à cheval, nous regardâmes M. Osterman et M. Moultray mettre pied à terre et franchir la clôture de piquets blancs à la tête du groupe de volontaires, puis monter les marches de la véranda, armés de leurs fusils et de leurs revolvers. À la lueur des lanternes, nous vîmes M. Osterman approcher de la porte et l'ouvrir. Une seconde plus tard, il disparut à l'intérieur de la maison, aussitôt suivi des autres. Leurs lumières éclairèrent les fenêtres du salon. Je jure que tout le monde autour de moi retenait son souffle. Nous attendions.

Soudain, une femme hurla, puis des éclats de voix retentirent. Difficile de dire s'ils émanaient de nos hommes ou des deux agents canadiens, mais nous considérâmes que c'était le signal. Éperonnant nos chevaux, nous pénétrâmes dans l'enclos, en sautant par-dessus la clôture ou en franchissant le portail dans la bousculade, sans oublier de pousser des cris pour montrer notre détermination. Pete et moi joignîmes nos efforts à ce vacarme, et tant pis si nous n'avions pas de déguisement ni le visage peint pour renforcer l'effet produit.

Très vite, Dave Harkness réapparut sur le seuil de la maison, en traînant derrière lui un corps tremblotant et trébuchant, les mains attachées dans le dos. M. Osterman et M. Moultray se tenaient juste derrière. Une clameur monta de la horde. Nous le tenions, nous tenions le meurtrier !

Abandonnant Pete, je descendis de cheval et me frayai un chemin parmi les hommes pour mieux voir. L'Indien était agenouillé dans la terre, M. Harkness et M. Moultray se penchaient au-dessus de lui. M. Harkness l'obligea à se relever. C'est alors que je vis Louie Sam réellement, et que j'eus le choc de ma vie.

Ce n'était qu'un enfant, encore plus jeune que moi.

Chapitre neuf

Louie Sam était petit, mais il avait un visage large et la peau cuivrée de son peuple. Ses longs cheveux bruns étaient défaits et emmêlés, au lieu d'être tressés comme ceux d'un brave. Je me demandai s'il était trop jeune pour les porter ainsi. Les hommes de la troupe, rassemblés autour de lui, le conspuaient et l'insultaient, mais lui ne disait rien. Son expression était un mélange de hargne et de terreur. Néanmoins, à le voir trembler, je devinais qu'il était plus effrayé que furieux. À moins que ce fut à cause de la froideur de la nuit car les hommes l'avaient tiré du lit vêtu uniquement d'une chemise et d'un pantalon, bretelles baissées, pieds nus.

J'entendais encore Pete affirmer qu'il avait été frappé d'effroi en voyant l'air maléfique de Louie Sam quand il l'avait croisé sur la route de Lynden, le jour du meurtre de M. Bell. Pete avait environ deux ans de plus que Louie Sam et il le dépassait d'au moins une tête. Alors, je m'interrogeai : *Qu'est-ce qui lui avait paru si menaçant chez ce jeune Indien ?*

En tout cas, il n'avait rien d'effrayant à cet instant. Recroquevillé sur lui-même, il gardait la tête baissée comme s'il s'attendait à recevoir des coups. En même temps, quelque chose dans sa posture droite et fière donnait le sentiment qu'il ne regrettait nullement ce qu'il avait fait pour se retrouver dans cette situation.

Le vieux M. York sortit sur son perron pour nous injurier, avec un accent écossais encore plus épais que celui de mon père. Il était furieux que ces hommes aient osé pointer leurs armes sur sa femme et sa fille, surveillées maintenant par l'un des nôtres dans une pièce du premier étage. Le second agent, Steele, paraissait moins énervé ; il demeurait en retrait et laissait parler son collègue. Quand Jack Simpson se glissa hors de la maison pour rejoindre nos rangs, la fureur de M. York redoubla.

– Vous ! Vous faites partie de cette bande de vauriens, hein ? Je vous accueille sous mon toit en pleine nuit et voilà comment vous me remerciez ?

Perché sur sa véranda, il balaya du regard le groupe qui avait envahi son jardin. Notre nombre et nos déguisements durent le faire réfléchir car il réfréna sa colère.

– Seuls des lâches se déguisent avec les robes de leurs femmes ! lança-t-il encore, mais la fougue qui l'animait quelques instants plus tôt s'était éteinte.

M. Moultray intervint :

– Nous n'avons rien contre vous. Nous sommes venus chercher l'Indien, c'est tout.

M. York plissa les yeux pour percer l'obscurité.

– C'est bien vous, Bill Moultray ?

Je crus voir Louie Sam tourner la tête en entendant ce nom.

– Un bon conseil, dit M. Osterman. Mêlez-vous de vos affaires.

M. York reporta son attention sur le jeune garçon qui tremblotait devant chez lui, les mains attachées dans le dos par des bracelets métalliques.

– Les Sumas ne vont pas apprécier, dit-il. Ils ont remis cet Indien à mon gendre car on leur a promis un procès équitable.

– Ne vous inquiétez pas, répondit M. Harkness. Nous veillerons à ce qu'il ait un procès équitable.

Cette remarque déclencha des éclats de rire et un grondement d'approbation dans la troupe. Le vieil homme sembla considérer ses options, qui n'étaient pas nombreuses.

– Réfléchissez bien à ce que vous faites, Bill, dit-il en s'adressant à M. Moultray.

Celui-ci ne répondit pas, comme s'il ne voulait pas que sa voix le trahisse encore une fois.

– Nous ne sommes pas dans le Sud ici, reprit M. York. On ne pend pas un homme à cause de la couleur de sa peau.

C'était la première fois que quelqu'un parlait de pendaison depuis que nous étions arrivés chez M. York. J'observai Louie Sam pour voir sa réaction : il garda la tête baissée et immobile, et j'en déduisis qu'il ne comprenait pas très bien l'anglais.

– Je ne me souviens pas d'avoir entendu quiconque menacer de le pendre, rétorqua M. Osterman. Nous voulons qu'il soit jugé, c'est tout.

M. York nous chassa en agitant les deux mains, il ne voulait plus nous voir.

– Emmenez-le, alors. Et fichez le camp de chez moi, tous autant que vous êtes. Du vent !

Quelqu'un avança un poney amené précisément dans ce but. Louie Sam fut soulevé de terre et hissé sur le dos de l'animal, sans selle, les mains toujours attachées dans le dos.

– Nous vous rapporterons les menottes demain matin ! lança M. Harkness.

Sur ce, la troupe quitta la propriété de M. York, conduite par M. Osterman et M. Moultray qui, constatai-je, demeurait bouche cousue. M. Harkness prit les rênes du poney de Louie Sam et le tira derrière lui. Alors que j'allais grimper sur le cheval de M. Bell avec Pete, mon père m'appela :

– George ! Tu montes derrière moi.

Je ne protestai pas. Je me hissai sur le dos de Mae.

Maintenant que je voyais Louie Sam pour de bon, en chair et en os, maintenant que je découvrais que c'était encore un enfant, le véritable but du groupe d'autodéfense m'apparut. *Ce garçon retourne à Nooksack pour y mourir*, songeai-je. Sans doute le savais-je depuis le début, mais ce n'était alors qu'un simple fait pour moi, une affaire qui devait être réglée pour rendre justice à M. Bell. Pourquoi est-ce que tout me paraissait différent maintenant ? Soudain, j'avais du mal à imaginer la scène du meurtre. Comment un garçon de l'âge de John avait-il pu entrer dans cette maison d'un pas décidé et tirer dans la tête de ce vieil homme, par-derrière, de sang-froid ?

Quelque chose me tracassait pendant que nous chevauchions, comme si mon cerveau essayait de me dire que j'étais passé à côté de quelque chose. Brusquement, je compris.

– Il porte des bretelles !

Père se tourna vers moi.

– Hein ? Que dis-tu ?

– Louie Sam. Il porte des bretelles. Ce ne sont donc pas les siennes qu'on a trouvées dans le marécage.

Père resta muet pendant un moment. Accroché à lui, je sentais rouler les muscles de son dos au gré des pas de Mae. Finalement, il dit, à voix basse :

– Ça ne signifie rien. Il a très bien pu en trouver une autre paire.

– Oui, mais pas forcément. Il se peut aussi que ce soient les bretelles de quelqu'un d'autre qu'on a trouvées dans le marécage. Quelqu'un qui s'enfuyait de chez monsieur Bell.

Père se tourna vers moi, pour que personne ne l'entende.

– Garde ça pour toi.

– Mais c'est une preuve !

– Tais-toi !

– Il faut leur dire, murmurai-je à son oreille.

– Trop tard. Ils n'écouteront pas.

– Mais...

– Assez !

Quand mon père disait « Assez ! », il ne fallait pas insister. Je tins ma langue, mais mon cerveau, lui, ne voulait pas s'arrêter de réfléchir. Tout paraissait si évident à l'aller, alors que nous faisions route vers le nord. Maintenant, tout paraissait confus. Devant moi, là-bas dans l'obscurité, se trouvait peut-être le garçon qui avait assassiné M. Bell, peut-être pas. Si nous cherchions véritablement à faire triompher la justice, il devait être reconnu coupable sans l'ombre d'un doute. Néanmoins, je comprenais la réaction de mon père. Les émotions étaient exacerbées. On lui reprochait déjà d'être faible. Ce n'était pas le moment de prendre la défense de Louie Sam, surtout si cela venait d'un Gillies. Toutefois, quand Louie Sam serait en prison à Nooksack, je me promettais d'aller trouver le shérif Leckie pour lui parler des bretelles.

Mais alors que nous chevauchions depuis moins d'une heure, la troupe s'arrêta dans une clairière. Nous n'étions pas encore à mi-chemin de la maison. Je trouvais étrange qu'ils veuillent faire une halte, compte tenu de l'importance de leur mission. Soudain, un cavalier – je reconnus Jack Simpson qui s'était introduit chez M. York pour jouer les espions – passa devant nous au galop, dans la direction opposée. Il revenait sur nos pas. L'information circula dans les rangs : M. Osterman et M. Moultray l'avaient envoyé en reconnaissance car ils craignaient que nous soyons suivis par les Sumas, furieux que nous ayons capturé l'un des leurs, comme l'avait prédit M. York. Dans ce cas, nous savions que nous étions dans de sales draps car si nous devions nous battre, les Indiens du Canada seraient largement supérieurs en nombre.

Tous les hommes, père y compris, vérifièrent que leurs armes étaient chargées. Apercevant Pete non loin de là, je sautai à terre.

– George ! cria mon père.

– Je reviens tout de suite.

Je m'approchai de Pete.

– J'ai un truc à te dire.

– Quoi donc ?

Il me toisait du haut de son cheval, l'air renfrogné.

– Je ne suis pas sûr que ce soit Louie Sam qui ait laissé ces traces qu'on a suivies dans le marécage.

– Qu'est-ce que tu racontes ? Il faut être aveugle pour ne pas voir que cet Indien est coupable, Gillies.

La façon dont Pete prononçait notre nom de famille m'exaspérait, comme s'il nous jugeait inférieurs aux autres, et surtout à sa propre famille. Pour lui rendre la monnaie de sa pièce, je demandai :

– Pourquoi est-ce qu'il t'a flanqué une peur bleue quand tu l'as croisé sur la route de Lynden ? C'est un gamin.

Pete s'apprêtait à me lancer une réplique cinglante mais Jack Simpson revint au même moment, toujours au galop. Il fonça vers l'avant de la troupe. Oubliant Pete, je marchai dans cette direction pour essayer de savoir ce qui se passait. C'est ainsi que je vis Louie Sam sur son poney, les mains attachées dans le dos. Il regardait le sol, mais son dos restait droit. Jack Simpson était en train d'expliquer aux chefs de la troupe qu'aucun Indien ne nous suivait, autant qu'il avait pu en juger.

– Cela ne veut pas dire qu'ils ne vont pas venir, souligna M. Osterman.

– Dans ce cas, il faut leur remettre l'Indien, dit M. Hopkins qui paraissait plus petit que jamais sur un cheval trop grand pour lui. Laissons les Canadiens le juger.

– Pas question, déclara le père de Pete.

– Qu'est-ce qu'on attend ? demanda M. Osterman. Dave, où est la corde ?

M. Harkness prit la corde enroulée autour du pommeau de sa selle. Je sentis mon ventre se nouer. Je regardai furtivement Louie Sam, qui ne broncha pas.

– Nous sommes encore sur le sol canadien, fit remarquer M. Moultray.

– Et alors ?

– Si les choses tournent mal, ça tombera sous le coup de la loi canadienne.

– Si les choses tournent mal, répliqua M. Osterman,

mieux vaut que ça se passe de leur côté. Comme ça, nous serons bien tranquilles une fois de retour chez nous.

D'autres hommes s'exprimèrent pour dire qu'ils étaient d'accord avec M. Harkness et M. Osterman : il fallait en finir au plus vite. Ils voulaient pendre l'Indien immédiatement, ici même ! La fièvre montait. Ils invectivaient Louie Sam, ils réclamaient son sang. Cette agitation lui fit enfin lever la tête, mais il ne dit rien, il ne trahit aucune peur. J'étais sûr maintenant qu'il ne comprenait pas l'anglais, ou très peu ; il ne savait pas ce qui allait lui arriver. Ou alors, s'il le savait, je n'avais jamais vu quelqu'un d'aussi courageux.

– Regardez-le ! Complètement abruti ! s'exclama M. Harkness.

Je voulais leur parler des bretelles, mais je laissai passer l'occasion au milieu des vociférations. Père avait raison : ils ne m'écouteraient pas. Impossible de discuter avec eux maintenant qu'ils s'encourageaient mutuellement.

– Sale chien meurtrier ! brailla M. Breckenridge.

Et il cracha sur Louie Sam. Celui-ci lui jeta un regard brûlant de haine. M. Osterman chevaucha jusqu'à un immense cèdre dont une des grosses branches se tendait à environ deux mètres du sol.

– Ça fera l'affaire, dit-il. Apportez la corde.

M. Harkness le rejoignit au trot. M. Osterman leva sa lanterne pour l'éclairer pendant qu'il lançait la corde autour de la branche, deux fois. Le nœud coulant pendait dans le vide maintenant. Tout le monde se tut devant ce spectacle. M. Harkness attacha l'autre extrémité de la corde au tronc de l'arbre. Le nœud coulant projetait son ombre sur la forêt. M. Breckenridge descendit de cheval, agrippa la jambe droite de Louie Sam et tira dessus pour obliger le garçon à s'asseoir de profil. À l'aide d'une cordelette, il lui ligota les pieds. Cela étant fait, il tira le poney jusque sous la branche.

M. Moultray s'approcha. Il prit la corde et la passa autour du cou du garçon d'un geste brusque. Il la resserra jusqu'à ce que le nœud se trouve derrière l'oreille. Maintenant que Louie Sam voyait M. Moultray de près, il le reconnut, malgré les traînées de suie et les peintures de guerre rouges au-dessus des yeux. Pour la première et la dernière fois cette nuit-là, il s'exprima :

– Bill Moultray.

Celui-ci écarquilla les yeux de terreur comme s'il avait été démasqué. Et soudain, sans prévenir, il frappa sur le flanc du poney qui partit au galop. Louie Sam se retrouva suspendu dans le vide, luttant et se débattant contre la corde qui l'étranglait, mais il avait les mains et les pieds entravés. Il gesticulait, se contorsionnait, et paraissait à la fois monstrueux et terrorisé.

– Pour l'amour du ciel ! s'exclama M. Hopkins. Que quelqu'un l'achève !

M. Harkness leva son fusil.

– Non, pas de coup de feu ! dit M. Osterman. Les Sumas pourraient l'entendre.

Finalement, M. Pratt s'avança sur son cheval et leva la crosse de son fusil de chasse, au niveau de la tête de Louie Sam. Je détournai le regard, mais je ne pus empêcher mes oreilles d'entendre le bruit sourd du choc entre le bois et l'os. Quand je relevai les yeux, Louie Sam ne bougeait plus. Son corps se balança encore plusieurs fois au bout de la corde, puis s'immobilisa. Sa vie s'était enfuie, mais sa peur était encore là, sur son visage, visible par tous.

Personne ne parlait. Puis M. Harkness poussa un cri de joie. Quelques-uns, parmi lesquels M. Osterman et M. Breckenridge, l'imitèrent pour tenter de ranimer l'enthousiasme général. Personnellement, je ne voyais aucune raison de se réjouir. M. Moultray non plus, apparemment.

– Ça suffit, dit-il.

Il éperonna son cheval et s'éloigna au trot sur la piste qui ramenait à la ville, sans attendre les autres meneurs. Je rejoignis Père et Mae. Sans un mot, il me hissa en selle derrière lui. J'enfouis mon visage dans son dos quand nous passâmes devant le grand cèdre, pour ne pas être obligé de voir Louie Sam. Mais je le voyais quand même dans ma tête. Je le verrais toute ma vie.

Chapitre dix

Lorsque nous traversons la frontière, en direction du sud cette fois, pour rejoindre le Territoire de Washington, même les hommes qui célébraient avec le plus d'exubérance la mort de Louie Sam se sont tus. Une fois l'acte commis, on dirait que plus personne ne veut y penser. Nous avons laissé ce jeune garçon pendu à une branche de cèdre et nous sommes repartis. Maintenant, chacun veut retrouver une vie normale, redevenir quelqu'un de normal.

Tout est plus compliqué que je l'avais cru. Je pensais que ce châtiment me procurerait un sentiment de satisfaction, mais c'est un poing glacé qui me serre le ventre.

Quand nous atteignons le Croisement, M. Moultray s'adresse à nous. Son visage est sombre, creusé, il n'a plus envie de se réjouir, manifestement. À moins que ce soit la fatigue. Car moi, je suis fatigué. M. Moultray explique aux hommes qu'ils ont fait ce qui devait être fait, qu'ils devraient être fiers. Mais juste après, il ajoute qu'aucun d'entre nous ne doit parler de ce qui s'est passé, ni au shérif, ni à notre famille, ni à personne d'autre. Le groupe d'autodéfense de Nooksack devient une sorte de confrérie secrète. Comment les deux choses sont-elles possibles ? Si nous devons être fiers de ce que nous avons fait à Louie Sam, pourquoi ne doit-on pas en parler ?

Les premières lueurs du jour commencent à apparaître au-dessus des arbres à l'est, tandis que Père, Mae et moi suivons la piste qui longe la Sumas Creek et conduit à notre ferme. De loin, nous apercevons la fumée de la cheminée. Pourquoi maman a-t-elle allumé un feu si tôt, alors qu'en temps normal, elle se lève à peine à cette heure ? Père éperonne Mae. Notre jument trotte pendant quelques dizaines de mètres, puis revient au pas, épuisée comme nous tous par cette expédition nocturne. Père l'éperonne un peu plus brutalement.

– Plus vite ! s'écrie-t-il d'une voix enrouée car il n'a pas dit un mot depuis que nous avons quitté le lieu de la pendaison.

Gypsy court à notre rencontre en aboyant. Quand, émergeant des arbres, nous découvrons notre maison, nous avons une autre surprise : une femme est dehors, en train de vider sur le sol l'eau contenue dans un seau. Lorsqu'elle se retourne, je découvre qu'il s'agit d'Agnes, la Nooksack qui avait épousé Bill Hampton.

– Agnes ! lui lance mon père. Où est ma femme ?

Mae a pressé le pas maintenant qu'elle sent l'écurie. Agnes se redresse et attend que Père arrête la jument devant la maison pour répondre. Son anglais n'est pas très bon, bien qu'elle vive avec un Blanc depuis des années. Pour se faire comprendre, elle utilise principalement le chinook.

– *Bébé yuk-wa*, dit-elle.

Au même moment, des cris de nouveau-né s'échappent de la maison, éclairant le sens de ses paroles. Père saute à terre, me demande de m'occuper de Mae et se précipite à l'intérieur. Agnes le suit nonchalamment, comme si elle vivait là. Bien qu'impatient de voir mon nouveau frère ou ma nouvelle sœur, je prends le temps de donner à manger et à boire à Mae et à Ulysse. À voir la façon dont nos deux vaches s'agitent dans leur stalle, je devine qu'elles ont besoin d'être traites, alors je le fais également. Après avoir chevauché toute la nuit, seul avec de trop nombreuses pensées, je suis content de m'occuper.

Quand j'entre dans la maison, le bébé a déjà un nom. Il s'appellera Edward, comme le père de maman. Teddy pour faire court. Le bébé et maman dorment dans le lit de mes parents, derrière un rideau destiné à offrir un peu d'intimité. Je l'écarte légèrement : Teddy est dans les bras de maman, emmailloté, semblable à mes autres frères et sœur quand ils sont nés. Je laisse retomber le rideau et m'approche aussi silencieusement que possible de la table située près du poêle, où Agnes est en train de servir un thé à Père, avec la vieille théière en porcelaine que maman a apportée d'Angleterre. Les garçons émergent de la pièce du fond en frottant leurs yeux encore pleins de sommeil. Je reproche à John de ne pas avoir trait les vaches. Il me répond qu'il a passé la moitié de la nuit debout à apporter du bois pour le poêle pendant que maman accouchait. Père nous fait taire pour qu'on ne la réveille pas. C'est bizarre de voir Agnes à la place de maman devant le poêle : une Indienne qui remue le porridge comme le ferait une Blanche. Son visage est creusé de profondes rides, mais elle ne peut pas être aussi vieille qu'elle en a l'air.

– On vous doit un grand merci, Agnes, dit Père.

Il boit une longue gorgée de thé, pourtant brûlant.

Agnes désigne John d'un mouvement de tête.

– *Man mam'-ook châh-ko ni-ka.*

Elle paraît toujours triste, même quand elle sourit.

– Elle explique que je suis allé la chercher, dit John. Quand maman a commencé à avoir des douleurs, je savais pas quoi faire… ni quand vous alliez revenir.

Ces paroles provoquent un silence. Je me demande si Agnes sait où nous étions cette nuit, et ce que nous avons fait. Elle n'exprime aucune curiosité, contrairement à John qui me murmure à l'oreille :

– Alors, qu'est-ce qui s'est passé ? Vous l'avez eu ?

L'enthousiasme qui perce dans sa voix me donne envie de le gifler. J'aimerais tout lui raconter, lui expliquer combien c'est compliqué, mais maman dort et ça ne me semble pas correct de parler de Louie Sam devant une Indienne.

– Je te raconterai plus tard.

Père me jette un regard noir et je me souviens alors que nous ne devons rien dire, à qui que ce soit. Il boit une autre gorgée de thé. Je m'assois à table et remercie chaleureusement Agnes quand elle dépose un bol de porridge devant moi.

Nous sommes jeudi, mais personne ne parle d'aller à l'école aujourd'hui. Après le petit déjeuner, Père se rend directement au moulin. Agnes reste pour pétrir de la pâte afin que nous ayons du pain frais ce soir. Quand maman se réveille, Agnes lui apporte du pain de la veille trempé dans du lait chaud. Je les écoute parler à voix basse toutes les deux, derrière le rideau, à l'autre bout de la pièce, mais je ne comprends pas ce qu'elles disent. Des paroles de femmes, entrecoupées de *Ooooh* et de *Aaaah* admiratifs devant le nouveau-né. C'est la même chose dans toutes les langues, je suppose. À table, Isabel chantonne une berceuse à sa poupée, comme si elle avait un nouveau bébé elle aussi. Annie épluche des pommes de terre. Tout le monde est calme. C'est bien.

Lorsque le pain est cuit, Agnes annonce qu'elle rentre chez elle, dans la cabane de rondins que ses fils et elle ont construite dans les bois, à environ un kilomètre d'ici, au bord de la Sumas Creek, quand ils avaient dû quitter la maison du passeur après le décès de M. Hampton. Sans rien demander, elle emporte deux miches fraîches.

Je vais m'allonger dans la pièce du fond. Je suis tellement fatigué que je pourrais dormir debout, je crois, mais à peine ai-je fermé les yeux que je revois Louie Sam pendu à la branche du cèdre, et son visage effrayé. J'ouvre les yeux pour chasser cette image et je sens mon cœur cogner dans ma poitrine. C'est alors que John entre dans la pièce.

– Raconte-moi ce qui s'est passé, dit-il.

– On ne doit pas en parler.

– Qui a dit ça ?

– Monsieur Moultray.

– Vous avez attrapé Louie Sam ?

– Je ne peux rien dire.

– Vous l'avez attrapé, hein ? Il est où maintenant ? Ils l'ont ramené à la prison de Nooksack ?

Je le regarde. Se peut-il qu'il soit aussi idiot ?

– Il n'est pas en prison, dis-je.

John m'observe longuement, puis il comprend.

– Alors, vous l'avez lynché.

Je connais ce mot, mais je n'ai entendu personne l'employer au sujet de Louie Sam. Je n'ai entendu parler que de justice et d'autodéfense. Lynché. C'est un mot brutal, plus violent que pendu. Pourtant, c'est bien ce qui s'est passé.

– Oui, dis-je.

John me dévisage de nouveau, et son expression se modifie. Il a perdu un peu de son enthousiasme.

– Il s'est débattu ?

– Non… Enfin, si, mais juste à la fin.

– Il a dit quelque chose pour se défendre ?

– Il n'a presque pas parlé. Il avait trop peur.

– Ah ! Le lâche !

– Non, ce n'était pas un lâche.

Et parce que cela me semble important, j'ajoute :

– Ce n'était qu'un enfant.

– De quel âge ?

– Treize ans. Quatorze au maximum.

John est interloqué. Mais il dit :

– Un meurtrier, c'est un meurtrier.

Je n'ai rien à répondre à cela.

– Laisse-moi dormir.

Chapitre onze

Je me réveille à midi, encore tremblant après un mauvais rêve. Puis je prends conscience que ce n'était pas un rêve. À la maison, nous sommes tous épuisés, entre la chevauchée nocturne et la naissance du bébé. Nous nous asseyons autour de la table pour manger un peu de fromage et de pain, sans parler afin de ne pas réveiller maman et le bébé. De toute façon, nous n'avons rien à nous dire.

L'après-midi, le père de Tom Breckenridge vient au moulin, mais il repart dès que Père et moi avons moulu l'unique sac de blé qu'il a apporté. Je soulève le panneau de l'écluse pour laisser s'évacuer l'eau de la roue pendant que Père verse le blé dans le semoir. Puis je me dépêche de descendre au premier niveau pour récupérer dans le sac de jute la farine qui descend dans le sabot. En haut, j'entends M. Breckenridge répéter à Père les consignes de M. Moultray, comme si Père avait besoin qu'on les lui rappelle. Je me demande d'ailleurs si M. Breckenridge n'est pas venu uniquement pour transmettre ce message.

Le vendredi matin, devant l'école, alors que nous attendons que Mlle Carmichael sonne la cloche, Pete refuse de me parler, sauf pour nous accuser, nous les Gillies, d'être du côté des Indiens. Nous nions farouchement, John et moi, mais Tom Breckenridge affirme que c'est la vérité : son père dit exactement la même chose. Je trouve ça bizarre que M. Breckenridge ait raconté à son fils ce qui s'est passé après être venu chez nous exprès pour demander à Père de garder le silence. Tom ajoute que sa famille et lui vivant à proximité de M. Bell, ils auraient pu être les victimes de Louie Sam. Il s'estime heureux d'être encore en vie.

– Mon père dit que les seuls bons Indiens sont les Indiens morts, déclare Tom à la cantonade dans la cour de l'école. Nous ne serons pas en sécurité tant que le dernier n'aura pas été éliminé.

Très vite, Pete et Tom réussissent à persuader tous les autres que nous sommes du côté des Indiens. Ajoutez à cela le fait que c'est Agnes, et non pas une authentique femme de colon, qui a aidé maman à mettre notre petit frère au monde. J'essaye d'expliquer à Pete et à Tom que le pauvre John, affolé, est allé chercher la personne la plus proche de la maison. Père et moi étions absents et maman hurlait que le bébé allait arriver. Mais mes paroles n'ont aucun poids.

Pete est trop occupé à jouer les héros devant Abigail Stevens et les autres filles en se vantant d'avoir accompagné les hommes pour une mission très importante. Il se moque de notre promesse de ne rien dire. Il est vrai que les pères de tous les élèves, ou presque, ont participé à l'expédition, et ils savent ce qui s'est passé, même s'ils ignorent les détails macabres, que Pete raconte avec délectation aux oreilles des filles dans un coin de la cour.

Après que Mlle Carmichael nous fait entrer dans l'école, Abigail s'approche de moi et me glisse :

– Pourquoi tu laisses Pete accaparer toute l'attention, George ?

– Je la lui laisse volontiers.

– Tu sais ce qu'il raconte ? Il dit que ton père et toi, vous vous êtes comportés comme des lâches là-bas.

– Il ment.

– Dans ce cas, tu ferais bien de le dire aux autres, répond Abigail.

Depuis quelque temps, elle ressemble plus à une femme qu'à une fille, et pas uniquement parce que sa silhouette a pris des formes. Il y a en elle un côté sévère, comme si elle enrageait de constater que les autres enfants ne voyaient pas le monde des adultes avec la même lucidité qu'elle. Elle a toujours été intelligente. Et elle a de beaux yeux.

– On nous a fait jurer de ne pas parler de ce qui s'est passé, dis-je.

– Apparemment, tu es le seul à respecter cette promesse. Mon père a tout raconté à ma mère. Il a ajouté que ton père avait eu raison d'insister pour que cet Indien ait droit à un procès.

– Pourquoi il n'a rien dit, dans ce cas ? demandai-je.

– Comment veux-tu que je le sache, George ? Est-ce que j'y étais ? Et je t'interdis de hausser le ton devant moi, alors que j'essaye de t'aider.

Soudain, des cris retentissent au-dehors. Ceux d'entre nous qui sont déjà entrés dans l'école s'empressent de ressortir dans la cour pour voir ce qui se passe. Le temps qu'Abigail et moi les rejoignions, un triple cercle s'est formé autour de deux élèves qui se battent. Tout le monde, les garçons comme les filles, les encourage. On dirait la meute humaine juste avant la mort de Louie Sam.

Je me fraye un chemin jusqu'au premier rang. Là, je vois Pete avec un sourire idiot, c'est même lui qui dirige les encouragements. Puis je m'aperçois que l'un des deux garçons n'est autre que mon frère John, opposé à Jimmy Bell. Celui-ci fait une demi-tête de plus que John et il a l'avantage du poids. Mais mon frère est un petit gars sec et nerveux qui n'abandonne jamais, je parle en connaissance de cause.

Jimmy a réussi, malgré tout, à lui coincer la tête sous son bras gauche et voilà qu'il le frappe au visage avec son poing droit.

– File-lui une raclée, Jimmy ! braille Tom Breckenridge, debout à côté de Pete.

Je brûle d'envie d'intervenir pour obliger Jimmy à lâcher John, mais je sais que mon frère ne me pardonnera jamais d'avoir volé à son secours devant tout le monde.

Abigail donne de la voix :

– Arrête, Jimmy ! Tu lui fais mal !

Mlle Carmichael est sortie sur le perron de l'école et elle souffle dans son sifflet pour interrompre la bagarre, sans résultat jusqu'à présent. John a le visage en sang, et le nez cassé sans doute. Annie et Will sont face à moi, de l'autre côté du ring.

– Lâche-le ! hurle Annie à Jimmy.

C'est alors qu'elle m'aperçoit.

– George, oblige-le à arrêter !

À cet instant, John parvient à faucher la jambe d'appui de Jimmy avec son pied. Celui-ci tombe lourdement sur le dos et John se retrouve à cheval sur lui. Ses petits poings martèlent le visage épais de son adversaire pour lui rendre la monnaie de sa pièce. Maintenant que John a le dessus, je peux intervenir plus facilement. J'attends quand même une seconde ou deux pour lui offrir une vengeance méritée. Je regarde Pete, en songeant qu'il va peut-être vouloir secourir Jimmy, son demi-frère en quelque sorte. Il ne réclame plus de sang, mais je remarque son petit sourire, comme s'il se réjouissait de voir Jimmy recevoir une raclée, comme il s'était réjoui de voir John en difficulté une minute plus tôt.

Je passe à l'action. Avançant à grands pas, j'agrippe John par les bras et l'oblige à se détacher de Jimmy.

– Stop !

John se débat pour se libérer, mais je sens que c'est pour donner le change. Il en a eu son compte. Il saigne du nez et il va avoir deux jolis coquards. Autour de nous, les élèves reculent et les cercles se défont. Ceux qui voulaient être aux premières loges quelques secondes plus tôt ont hâte de se fondre dans le décor, tandis que Mlle Carmichael descend du perron en continuant à souffler dans son sifflet. D'une voix cassante et haut perchée, elle exige de savoir « ce qui se passe ici, au nom du ciel ! ».

Jimmy se relève péniblement et montre John du doigt.

– Il a traité ma mère de putain !

– Parce que tu as dit qu'Agnes en était une ! réplique John.

– C'est qu'une Indienne, rétorque Jimmy. Ça compte pas.

John ne peut se retenir :

– Agnes est gentille ! Elle a aidé maman !

Je pense alors : *Notre réputation de défenseurs des Indiens est désormais gravée dans la pierre.*

Abigail intervient :

– Tout le monde sait que ta mère est une putain, Jimmy.

Mlle Carmichael est scandalisée.

– Abigail Stevens !

– C'est la vérité !

Je remarque que Pete Harkness ne cherche pas à contredire Abigail pour prendre la défense de Mme Bell.

Mlle Carmichael expulse John pour la journée, mais pas Jimmy, sous prétexte que son père vient de mourir ; il a droit à des égards. Mais les deux garçons saignent du nez, alors elle finit par les envoyer chez eux l'un et l'autre. John n'étant pas en état de faire le chemin seul, j'annonce à la maîtresse que je le raccompagne, Annie rentrera avec Will plus tard. Afin de compenser une autre journée d'école perdue, Mlle Carmichael m'oblige a emporter un livre de Ralph Waldo Emerson, son écrivain préféré, et elle me demande d'apprendre par cœur un de ses poèmes pour lundi.

Maman, à peine remise de son accouchement, passe un savon à John. Son nez a considérablement enflé pendant le trajet et elle affirme qu'il ne sera plus jamais droit. Mais quand elle apprend que John s'est battu pour défendre Agnes, elle se montre plus clémente. Elle trempe un chiffon dans de l'eau chaude et confectionne un cataplasme pour qu'il l'applique sur son nez et ses yeux.

Père n'a pas grand-chose à dire, si ce n'est que John aurait dû tenir ses poings plus hauts pour protéger son visage. Depuis mercredi soir, il ne parle presque pas et préfère rester dans le moulin au lieu d'être avec nous dans la maison. Il ne s'intéresse presque pas à Teddy. Vu qu'il passe le plus clair de son temps au moulin, toutes les corvées sont pour John et moi. Je ne me plains pas. Ça me fait du bien de travailler, à l'écart des autres.

En fin d'après-midi, avant la traite du soir, je m'installe dans un coin de l'étable et j'ouvre le livre de M. Emerson à la page d'un poème intitulé « Nature ». C'est plein de mots compliqués, mais l'idée c'est que Dieu est partout autour de nous. Je trouve cette idée un peu aberrante car tout le monde sait bien que Dieu est au ciel. N'est-ce pas la Nature qui nous fourvoie, justement, à l'image de ce serpent qui tente Ève avec la pomme ? Je croyais que nous autres pécheurs avions été placés sur terre pour dominer la Nature, mais ce poème semble dire que la Nature est son propre Dieu, d'une certaine façon. J'aimerais pouvoir en discuter avec Père, mais le souvenir de son air renfrogné quand il est rentré à la maison pour déjeuner ce midi m'en dissuade. Il ne parle même plus à maman, ou presque pas.

Il pleut toute la journée du samedi. Après le dîner, une fois Teddy et les petits couchés, Père ayant pris une lanterne pour redescendre au moulin, je me retrouve seul avec maman. Elle est assise dans le rocking-chair que nous avons apporté d'Angleterre. Même si elle a les yeux fermés, je sais qu'elle ne dort pas car elle se balance tout doucement.

– Tu veux bien écouter le poème que j'ai dû apprendre ?

Elle ouvre les yeux, si difficilement que je demande si elle ne dormait pas, finalement.

– Oui, Georgie. Je t'écoute.

Je commence à réciter, mais quand j'arrive au passage suivant :

La Nature est à l'écoute de la rose
Elle tend l'oreille aux calices des baies
Pour aider ses amis, pour harceler ses ennemis,
Et à l'instar de Dieu, elle juge bien.

Je m'arrête. Maman a fermé les yeux, son visage s'est relâché. Elle revient sur terre brusquement.

– C'est fini ?

– Non, dis-je. Ça continue.

– Pourquoi tu t'es arrêté ?

– Je trouve pas ça normal, la Nature qui juge Dieu. C'est Dieu qui a fait la Nature. Lui seul peut juger.

– Oui, sans doute, répond-elle, songeuse.

Je suis surpris qu'elle ne soit pas aussi troublée que moi ; elle qui insiste pour que nous allions à l'église tous les dimanches.

– Mais c'est mal ! dis-je.

– Ce n'est qu'un poème, Georgie. Un joli poème. Et tu l'as bien appris.

Elle se lève du rocking-chair ; on voit qu'elle a encore le corps raide et endolori.

– Il est l'heure d'aller se coucher, dit-elle, pour toi et moi.

Elle prend une bougie et se dirige lentement vers le lit, puis elle tire le rideau. Par l'entrebâillement, je la regarde se pencher au-dessus du berceau de Teddy pour remonter la couverture. Dans la lueur de la bougie, ses yeux brillent et son sourire est rempli d'émerveillement. La poésie de M. Emerson a au moins une qualité : maman l'aime beaucoup.

Chapitre douze

Le dimanche matin, maman et Père semblent avoir oublié l'existence du catéchisme et ce n'est pas nous, les enfants, qui allons le leur rappeler. La journée qui commence s'annonce grise et fraîche, rien à voir avec le dimanche précédent quand nous avons découvert le corps de M. Bell. Était-ce la semaine dernière seulement ? J'ai l'impression que tout cela est arrivé à quelqu'un d'autre, comme dans une histoire.

Je suis en train de couper du bois devant la maison quand, en fin de matinée, un visiteur se présente. C'est le fils d'Agnes, Joe Hampton. Sa mère l'envoie, avec deux cailles qu'elle veut échanger contre des œufs et de la farine. En voyant les coquards de John, il explique à maman que sa mère confectionne une pommade à partir de fleurs jaunes pour faire disparaître les hématomes et il propose d'aller en chercher. Mais avant cela, maman insiste pour lui donner un bol de soupe d'orge qu'elle a préparée pour le déjeuner, et il la mange dehors, appuyé contre la clôture de l'enclos.

Joe a quelques années de plus que moi. Il a des cheveux longs, toujours ébouriffés, et la peau mate d'un Indien, mais il a hérité des yeux bleus de son père. Il parle anglais comme un Blanc, avec des intonations typiques du peuple de sa mère. Il me regarde travailler en mangeant et je l'observe d'un œil moi aussi, gêné par sa présence. Je n'ai pas oublié que l'on m'a accusé récemment d'aimer les Indiens, et voilà qu'il y en a un qui mange devant ma porte.

– Tu es George, dit-il après quelques cuillerées de soupe.

– Exact.

Je pose une autre bûche sur le billot.

– Il paraît que tu les as accompagnés l'autre soir.

Je trouve cela irrespectueux : un Indien qui m'interroge sur ma vie privée.

– Je ne sais pas de quoi tu parles, dis-je.

J'abats la hache sur la bûche, mais j'ai mal visé et au lieu de la fendre en deux, je l'envoie valdinguer dans l'herbe. J'aurais préféré que cela n'arrive pas devant Joe. Alors que je me baisse pour ramasser la bûche, il me dit :

– Les gens parlent. Les Sumas sont très remontés.

– Les Sumas devraient reconnaître que l'un des leurs est un meurtrier.

– On peut savoir qui est ce meurtrier ?

– Tu le sais bien.

Il s'obstine :

– Eh bien, justement. Louie Sam a parlé à sa mère, figure-toi. Il lui a dit qu'il n'avait rien fait.

J'accuse le coup. Je n'ai jamais pensé que Louie Sam puisse avoir une mère. Et puis, il y a toujours cette question qui me taraude : Père avait-il raison, le groupe d'autodéfense de Nooksack aurait-il dû permettre à Louie Sam d'être jugé ? Joe Hampton me regarde comme s'il lisait sur mon visage. Je m'empresse de tourner la tête. Et je rétorque :

– C'est normal que sa mère dise ça. Et les Sumas protègent l'un des leurs.

– On ne tolère les hors-la-loi, pas plus que vous autres, les Blancs. Regarde ce qui est arrivé au père de Louie. Quand le juge Campbell a présenté des preuves convaincantes aux chefs des Sumas, ils l'ont livré aux autorités en tant que meurtrier.

– Pour un Nooksack, tu sais un tas de choses sur les Sumas, fais-je remarquer.

– Louie Sam était mon cousin. Sa maman et la mienne avaient le même *chope*, le même grand-père.

Je ne veux pas le savoir. Je ne veux pas en apprendre davantage sur Louie Sam ou sa famille. Je fends une autre bûche, en plein milieu celle-ci, et j'espère que Joe comprendra le message : la discussion est terminée.

– Jeudi matin, le juge Campbell s'est rendu au village des Sumas pour annoncer aux chefs qu'un groupe de justiciers était venu du côté américain pour s'emparer de Louie au domicile de Thomas York.

Je continue à couper du bois comme si je n'entendais pas.

– Big Charlie et Sam Joe ont suivi leurs traces sur la piste de Whatcom, avec le juge Campbell, presque jusqu'à la frontière. C'est là qu'ils ont découvert Louie, pendu à l'endroit où il avait été lynché la nuit précédente.

Mes membres sont comme paralysés, je suis obligé de laisser tomber la hache sur le billot. Joe Hampton sait qu'il a fait mouche. Il me laisse mariner quelques instants avant d'ajouter :

– Mais j'imagine que tu sais déjà tout ça.

J'en ai assez de l'écouter. J'empile le bois coupé dans mes bras et passe devant lui pour regagner la maison. Avant que j'atteigne la porte, Joe décide qu'il a autre chose à me dire.

– Le Peuple de la Rivière arrive de partout pour rejoindre les Sumas.

– Qui ça ?

– Le Peuple de la Rivière. Le Sto-lo. Nous déciderons de quelle manière nous allons venger la mort de mon cousin.

– On ne se venge pas de la justice, dis-je.

Mais je me cache derrière des mots et il le sait.

– Laisse-moi te parler de la justice, celle du Sto-lo. Si vous tuez quelqu'un de notre tribu, alors quelqu'un de votre tribu doit mourir. Peu importe qui. Un Blanc fera l'affaire.

À en juger par son regard, je devine que Joe serait content si c'était moi. Mais dans la seconde qui suit, il a retrouvé son air amical et il me demande de remercier ma mère pour la soupe. Il pose le bol sur un poteau de la clôture et je le regarde s'éloigner sur le chemin, en direction de la rivière. Je rentre dans la maison et empile le bois près du poêle. Je me demande combien d'Indiens sont rassemblés chez les Sumas et si les Nooksacks, qui vivent de notre côté de la frontière, vont les soutenir. Jusqu'où sont-ils prêts à aller dans leur quête de ce qu'ils appellent la justice ? Quel danger court ma famille si le peuple de Louie Sam décide de franchir la frontière pour régler leurs comptes ?

Je suis obligé d'annoncer à Père que les Indiens se rassemblent et qu'ils envisagent d'attaquer. Je me rends au moulin, mais il n'est pas en train de graisser l'arbre de transmission ou de nettoyer les meules comme il le fait habituellement quand le moulin ne fonctionne pas. Il fait froid à l'intérieur, tout est silencieux, on n'entend que les cris des mouettes qui tournoient au-dessus de notre mare. Soudain, je perçois un petit bruit d'eau au-dehors. J'ouvre un des volets et découvre mon père, perché sur la corniche à côté de la roue, en train d'uriner dans la mare. Je décide d'attendre qu'il ait terminé pour lui parler. Mais c'est trop tard, il m'a vu penché à la fenêtre.

– Qu'est-ce que tu veux, nom d'un chien ! grogne-t-il.

Je n'ai vu mon père ivre qu'une seule fois, quand la petite fille née après Annie et avant Isabel est morte. Ce jour-là, il était triste et muet. Aujourd'hui, il est en colère.

– Fiche-moi la paix ! Foutez-moi la paix, tous autant que vous êtes !

Je rentre la tête si vite à l'intérieur que je me cogne contre le montant de la fenêtre. Je remarque une cruche d'alcool sur son établi, semblable à celles que le père de Pete Harkness rapporte du saloon de Doc Barrow, et dans lesquelles Pete et moi, on a volé une gorgée, une ou deux fois. Quand j'enlève le bouchon, les vapeurs d'alcool me piquent les yeux. La cruche est presque vide. Je suis tenté de verser ce qui reste sur le sol mais, vu son état, je redoute la réaction de Père s'il s'en aperçoit.

J'envisage d'aller raconter à maman tout ce que m'a dit Joe Hampton, mais ce ne serait pas bien de l'inquiéter maintenant, avec le bébé qui vient de naître. Je décide alors de garder pour moi ma peur de voir les Indiens nous attaquer.

Quand je rentre à la maison, c'est la pagaille. Annie et Isabel se disputent parce que Isabel refuse de faire la sieste comme le lui demande Annie. Teddy n'arrête pas de pleurer et maman se demande ce qui arrive à Père, juste au moment où elle a le plus besoin de lui. Je n'ose pas lui dire où il est, ni dans quel état. Comme nous sommes dimanche, je me dis que je devrais prendre sa place et leur lire un passage apaisant de la Bible, mais quand j'ouvre le livre sacré et commence à lire à voix haute un extrait du Deutéronome, je tombe sur ces mots :

Ainsi, tu feras disparaître du milieu de toi le sang innocent, en faisant ce qui est droit aux yeux de l'Éternel.

– Qu'y a-t-il, George ? demande maman. Continue à lire.

– Je ne peux pas.

Car en lisant ces mots, je suis obligé de penser à Louie Sam.

Chapitre treize

Lundi matin, Teddy a de la fièvre. Maman est suffisamment inquiète pour vouloir l'emmener chez le Dr Thompson. Mais Père refuse de se rendre en ville. Il me demande d'atteler Ulysse et Mae à la voiture pour les y conduire ; cela signifie que je vais encore manquer une journée d'école, ce qui n'est pas pour me déplaire vu les insultes que j'ai essuyées vendredi et le poème païen que Mlle Carmichael voulait me faire réciter aujourd'hui.

Notre voiture est en fait un chariot découvert qui nous sert à transporter des provisions. Aujourd'hui, il bruine et il fait froid. Maman s'assoit sur le banc à l'avant et tient contre elle le bébé enveloppé dans une couverture. Père dépose un ciré sur sa tête et ses épaules. Pendant un instant, je crois qu'il va me demander de me pousser, et prendre ma place, finalement. Pendant un instant, je crois que maman va le lui demander. Mais ni l'un ni l'autre ne prononce un seul mot. J'agite les rênes, pas trop fort, et je crie « Hue ! ». Père nous regarde partir, immobile sous la pluie.

Maman ne dit rien durant le trajet, mais je la sens inquiète. Je sais qu'elle pense à la petite fille née entre Annie et Isabel. Elle l'avait prénommée Marie, mais elle est morte quand elle avait quelques jours de plus que Teddy. Je sais aussi qu'elle se demande comment elle va payer le Dr Thompson car depuis une semaine les clients semblent nous dédaigner, nous et notre moulin, et maintenant que Père fréquente le saloon de Doc Barrow, le pot dans lequel il garde l'argent gagné est moins rempli que d'habitude.

Le cabinet du Dr Thompson est situé à l'arrière de sa pharmacie, dans Nooksack Avenue, en face du nouvel hôtel construit l'année dernière. La pluie a transformé la rue en étendue de boue qui aspire les roues du chariot et ralentit Ulysse et Mae. J'ai l'impression que nous allons rester bloqués éternellement dans ce véhicule brinquebalant, assaillis de tous côtés par le crachin, mais au moins, nous sommes arrivés. Je tiens Teddy pendant que maman descend. Il ne pèse pas plus lourd qu'une plume. Il gémit et pleure, il réclame maman. Je suis soulagé de le lui redonner. Elle me demande d'entrer avec elle dans la pharmacie, au lieu de rester sous la pluie, car elle n'a pas besoin d'avoir deux enfants malades sur les bras.

Tout un mur de la boutique est occupé par des étagères chargées de bouteilles et de flacons de tailles diverses contenant toutes sortes de poudres et de liquides. Derrière le comptoir, Mme Thompson est en train de peser ce qui ressemble à de l'ambroisie séchée. Elle est plus âgée que maman et plutôt forte. Bien nourrie, dirait Père.

– Bonjour ! lance-t-elle sans détacher les yeux de sa balance.

Quand elle lève enfin la tête, elle comprend en voyant le visage de maman qu'il se passe quelque chose de grave. Elle sort de derrière le comptoir pour lui prendre le bébé. Elle jette un coup d'œil sous la couverture en émettant des gazouillis.

– Quel joli garçon vous avez, madame Gillies, dit-elle.

Mais on sent bien qu'elle essaye juste de rassurer maman, alors qu'en réalité, elle pense qu'il y a de bonnes raisons de s'inquiéter.

– Installez le bébé près du poêle. Le Dr Thompson est avec un patient. Il ne devrait pas en avoir pour longtemps.

Maman la remercie et suit son conseil. Il y a deux chaises dans la boutique, mais je n'ose pas m'asseoir sur l'autre car je suis trempé et maculé de la boue projetée par les roues du chariot. Et puis, il fait trop chaud à côté du poêle, et je n'aime pas l'odeur de médicaments qui flotte dans l'air. En outre, pendant le trajet, j'ai eu le temps d'élaborer un plan.

– Je vais voir Mae et Ulysse, dis-je.

– Ne reste pas sous la pluie, dit maman.

Je sors de la pharmacie et, après avoir vérifié rapidement que Mae et Ulysse sont bien attachés, pour me dire que je n'ai pas vraiment menti à maman, je traverse la rue en direction du nouvel hôtel.

Le Nooksack Hotel est ce que l'on peut trouver de plus chic dans la région avec son escalier en spirale qui part du hall et conduit aux chambres sur deux étages. M. Hopkins, le gérant, se tient derrière un long comptoir. Il me regarde bizarrement à travers ses lunettes quand il me voit entrer. Je le salue d'un signe de tête comme si j'étais ici pour une affaire de la plus haute importance, ce qui est le cas. Je me dirige vers un petit local situé à l'autre extrémité du hall : le bureau du télégraphe.

Père refusant d'entendre parler du rassemblement des Sumas de l'autre côté de la frontière, j'ai décidé qu'il était de mon devoir, en tant que citoyen de Whatcom County, d'informer une personne compétente de ce que m'a dit Joe Hampton. J'aurais préféré m'adresser à M. Moultray, mais il habite à trois kilomètres d'ici, au Croisement, M. Osterman est plus proche. La porte du bureau est fermée, mais à travers la vitre, je le vois assis de dos et je l'entends pianoter sur le levier de sa machine.

Le principe du télégraphe consiste à envoyer de petites impulsions électriques le long d'un fil tendu de poteau en poteau jusqu'à Ferndale, puis jusqu'à Bellingham Bay et dans toute la Californie ensuite, même plus loin. L'électricité est produite par une batterie : un bocal de verre contenant du cuivre et de l'eau qui provoque, d'une manière quelconque, un courant. L'opérateur utilise ensuite une sorte de levier pour transmettre les impulsions électriques sous forme d'un code composé de traits et de points. Ce code, appelé morse, représente les lettres de l'alphabet. Par exemple, en morse, la lettre A correspond à un point suivi d'un trait, la lettre B, c'est un trait et trois points, etc. Je ne connais pas toutes les lettres. À l'autre bout, il y a un deuxième opérateur qui comprend le code et retranscrit le message, lettre par lettre.

Je sais tout cela car Mlle Carmichael a invité M. Osterman à l'école pour nous parler du télégraphe. Il m'avait semblé qu'on ne pouvait pas rêver mieux comme métier : rester assis toute la journée devant un beau bureau pour envoyer et recevoir des messages importants. C'est une activité qui commande le respect, essentiellement par son côté moderne et scientifique.

Quand M. Osterman cesse d'actionner la machine et se renverse contre le dossier de son siège, je frappe à la porte. J'ai dû lui faire peur car il sursaute légèrement. Voyant que c'est moi, il me fait signe d'entrer. Mais on dirait qu'il est pressé et n'a pas le temps de me parler.

– Que puis-je pour toi, George ?

Il range des papiers en parlant. Son bureau est propre et bien rangé, à l'image de sa moustache bien taillée et de ses habits tout propres.

– Il faut que je vous dise une chose, monsieur Osterman.

– Oh ? De quoi s'agit-il ?

– Joe Hampton dit que les Sumas se rassemblent. Ils envisagent de se venger, de nous attaquer, à cause de…

Je me souviens juste à temps que M. Moultray nous a demandé de ne pas parler de ce qui s'est passé.

– Parce que, dis-je simplement, en sachant qu'il comprendra.

Et voilà que M. Osterman sourit.

– Vraiment ? répond-il comme s'il n'y avait absolument aucune raison de s'inquiéter.

– Joe dit que leurs... *tillicums* arrivent d'un bout à l'autre de la Fraser River. Il paraît aussi que...

Je m'interromps pour ne pas prononcer le mot interdit.

– Il paraît que le garçon a dit à sa mère qu'il était innocent.

Cette dernière affirmation efface le sourire de M. Osterman. Son front se plisse. Il cesse de ranger ses papiers.

– Il a menti, évidemment, je m'empresse d'ajouter, conscient de la mauvaise réputation acquise par les Gillies dernièrement, et soucieux de montrer que je me situe dans le bon camp.

– Tu en as parlé à quelqu'un d'autre ?

– Non, à personne, monsieur.

– Fais en sorte que ça continue. Il ne faut surtout pas semer la panique.

– Mais, monsieur... ils disent qu'ils vont tuer l'un de nous. Joe sait de quoi il parle. Il était parent avec Louie Sam...

Je venais de prononcer le nom ! Je me reprends aussitôt :

– Avec le garçon, je veux dire. Ils étaient plus ou moins cousins.

M. Osterman se lève de sa chaise et marche vers moi en me regardant droit dans les yeux.

– Écoute-moi attentivement, George. Je sais que tu penses avant tout à tes voisins et à ta famille. Je sais que tu veux les protéger.

– Oui, monsieur.

– Alors ne propage pas ces mensonges d'Indien mort. Ça perturbe les gens. Et ça fait croire aux Sumas que leur colère est légitime, alors qu'il n'en est rien. Et dis à ton papa de ne pas répandre ces mensonges, lui non plus.

– Mais s'ils attaquent…

– Ils n'attaqueront pas. Je sais que les autorités canadiennes sont présentes sur le lieu de rassemblement des Sumas, au moment où je te parle, pour les dissuader d'agir. (D'un mouvement de tête, il désigne la machine du télégraphe.) Je suis informé de tout ce qui se passe dans la région. Alors, va vite à l'école ou je ne sais où.

Sur ce, il me tourne le dos et se rassoit à son bureau. Je sais qu'il souhaite que je m'en aille, mais c'est une autre raison qui m'a conduit ici. J'ai pensé que je pouvais peut-être gagner un peu d'argent pour payer le Dr Thompson.

– Monsieur Osterman ?

– Quoi encore ?

– Vous cherchez toujours quelqu'un pour vous aider ?

Il pivote sur son siège.

– Pour m'aider à faire quoi ?

Je suis déstabilisé par son agacement évident.

– À réparer la ligne télégraphique.

– De quoi parles-tu, George ?

– Le travail pour lequel vous alliez engager Louie Sam.

Ma voix se brise quand je prononce ce nom. J'ai recommencé !

Le visage de M. Osterman s'assombrit comme un ciel d'orage. Je me sens bête. J'ai envie de fuir avant que sa colère se déverse sur moi. Mais curieusement, voilà qu'il devient gentil et aimable.

– Je te remercie pour ta proposition, George, mais en examinant soigneusement la ligne, l'autre jour, je me suis aperçu que ça pouvait attendre l'été. Voilà pourquoi il n'y avait pas de travail pour…

Il ne prononce pas le nom du garçon.

– Mais vous disiez que vous l'aviez renvoyé parce que sa tête ne vous revenait pas.

Il s'emporte de nouveau.

– Je sais mieux que toi ce que j'ai dit !

Je me sens rougir. Je reste planté là comme un imbécile, sans savoir quoi faire. Finalement, il se calme un peu et ajoute :

– Je me suis trompé en croyant que j'avais besoin d'engager ce garçon. Je regrette seulement que ce pauvre M. Bell l'ait payé de sa vie. Allez, file maintenant. Ouste !

Je traverse le hall de l'hôtel et sors dans la rue en gardant les yeux fixés au sol, brûlant de honte. L'orgueil précède la chute. Je suis entré dans le bureau du télégraphe tout fier de la grande nouvelle que j'apportais et j'en ressors tout penaud. Comment ai-je pu croire qu'une information transmise par Joe Hampton pourrait intéresser quelqu'un comme M. Osterman ? Et pourquoi ai-je parlé de la réparation de la ligne du télégraphe ? Pourtant, j'aurais juré que M. Osterman avait expliqué au shérif Leckie qu'il avait renvoyé Louie Sam à cause de son sale caractère. Je ne me souviens pas de l'avoir entendu dire qu'il avait changé d'avis et décidé qu'il n'y avait pas de travail pour le jeune Indien, finalement. J'ai dû me tromper.

La pluie a redoublé. Devant l'hôtel, un petit homme vêtu d'un long manteau de toile est en train d'attacher son cheval à un poteau ; un chapeau à large bord masque son visage. Je tourne la tête pour qu'il ne me voie pas, au cas où ce serait quelqu'un d'important. C'est alors que mon regard se pose sur le cheval. Je reconnais le hongre de M. Bell. Forcément, je ne peux pas m'empêcher de revenir sur l'homme au grand chapeau. Surprise, ce n'est pas un homme, mais Mme Bell, Annette, la « belle-mère » de Pete. Quelqu'un a dû décréter que le cheval devait lui revenir. Elle me regarde droit dans les yeux et me sourit.

– Bonjour, George ! me lance-t-elle avec son accent australien nasillard. Où te cachais-tu ?

Je ne sais pas quoi répondre.

– Euh… Nulle part, madame… Il faut que j'aille chercher ma mère.

Arrivé au milieu de Nooksack Avenue, je m'arrête pour jeter un coup d'œil derrière moi et je vois, à travers la vitre, Mme Bell entrer dans le bureau du télégraphe pour discuter avec M. Osterman. Visiblement échauffée, elle pointe le doigt vers la fenêtre. M. Osterman regarde dehors... dans ma direction ! Avant que je puisse réagir, il sort sur le trottoir, en bras de chemise, malgré la pluie.

– George ! À la réflexion, il n'y a aucune raison d'attendre l'été pour entreprendre ces réparations. Reviens me voir samedi, vers midi. Je te montrerai ce que tu dois faire. Un dollar et vingt-cinq cents par jour, qu'en dis-tu ?

J'en dis que c'est la meilleure chose qui me soit arrivée depuis longtemps, très longtemps même. Mon cœur s'emballe, je suis tout excité.

– Je serai là ! Merci, monsieur Osterman !

– De rien, mon garçon. Prépare-toi à travailler dur.

– Promis !

Je m'en vais rejoindre maman à la pharmacie, en ayant l'impression de marcher sur un nuage. Finalement, M. Osterman m'a à la bonne, on dirait. Il ne m'aurait pas confié ce travail, sinon. Peut-être que les Gillies vont faire oublier leur réputation de défenseurs des Indiens. Peut-être que tout va redevenir comme dans le temps, comme... avant.

Quand j'entre dans la pharmacie, Mme Thompson, de retour derrière son comptoir, tend à maman un flacon contenant une potion destinée à faire baisser la fièvre de Teddy. Maman est obligée de demander si elle peut payer la semaine prochaine, et la femme du médecin accepte. Elle est arrangeante, mais je sais que maman a honte. Alors que nous quittons la ville, je lui dis de ne pas s'inquiéter car bientôt nous aurons de quoi payer nos dettes.

– Comment ça ? demande-t-elle.

– Monsieur Osterman va me payer pour vérifier et réparer la ligne télégraphique !

Je suis tellement content que j'ai l'impression que je vais éclater. Mais au lieu de se réjouir avec moi, maman paraît encore plus soucieuse, comme si cette nouvelle était un motif d'inquiétude supplémentaire.

– Qu'y a-t-il ? Je pensais que tu serais contente.

– Je le suis, George. Mais fais bien attention quand tu l'annonceras à ton père.

– Tu ne comprends pas ? Si monsieur Osterman m'a confié ce travail, ça veut dire qu'il a pardonné à papa. Maintenant, tout le monde va redevenir ami avec nous.

J'ai rarement entendu ma mère exprimer de la colère, mais là, elle ne peut se contenir :

– Ton père a besoin du pardon de Dieu, et du mien parfois, dit-elle, mais il n'a que faire de celui de ces vandales !

Vandales ? Et pas un mot pour me féliciter d'avoir trouvé un travail. Moi qui croyais lui faire plaisir.

– Ce ne sont pas plus des vandales que papa et moi !

– À t'entendre, on dirait que tu es fier de ce qui est arrivé à ce garçon, rétorque-t-elle en resserrant le châle qui enveloppe le bébé, comme pour le protéger de moi.

Je reste muet. Je ne suis pas sûr de pouvoir contrôler ma voix.

– Non, je ne suis pas fier, dis-je finalement, et j'entends ma voix se briser comme je le craignais.

Je sens le regard de ma mère sur moi, mais je garde les yeux fixés droit devant, sur les croupes de Mae et d'Ulysse, floues à travers mes larmes. Elle tend la main pour me presser le bras affectueusement.

– Tu es un gentil garçon, George. Je le sais bien.

J'essuie mon nez sur ma manche, sans que maman me réprimande. Et remercie la pluie qui masque les traînées humides sur mes joues.

Le lendemain matin, le médicament a fait baisser la fièvre de Teddy, mais il ne s'alimente pas normalement. Il dort tout le temps. Les bébés sont censés dormir beaucoup, mais maman explique qu'ils se réveillent en braillant, affamés, ce qui n'est pas le cas de Teddy. L'inquiétude la ronge. Si Père s'inquiète lui aussi, il ne le montre pas de la même manière que maman. Et je crois savoir pourquoi. Personnellement, je ne suis pas attaché à Teddy autant qu'à mes autres frères et sœurs. S'il devait mourir, je ne veux pas être triste comme je l'ai été à cause de la petite Marie.

Le mardi matin à l'école, avant toute chose, Mlle Carmichael me demande de réciter le poème de M. Emerson. Devant la classe entière. Pete et Tom ricanent, mais Abigail leur ordonne de se taire et ils obéissent. Le mercredi, les garçons me proposent de jouer à chat avec eux à l'heure du déjeuner, comme avant. Mais le moulin reste inactif toute la semaine, alors peut-être que les gens n'ont pas totalement pardonné aux Gillies, comme je l'avais espéré.

L'hiver est doux et les fermiers en profitent pour prendre de l'avance en semant le blé de printemps. Père a commencé à labourer lui aussi, et cette occupation améliore son humeur. N'ayant pas oublié la mise en garde de maman, je guette le bon moment pour lui annoncer que j'ai été engagé par M. Osterman.

Je suis en train de traire les vaches dans l'étable, le jeudi soir, quand Père entre pour remiser la charrue. Je le regarde sortir des poignées d'avoine d'un grand sac de toile pour remplir une mangeoire portative appelée musette.

– Ulysse a droit à un festin ce soir, dis-je.

– Oui, il l'a mérité. Nous avons terminé le champ du bas, jusqu'à la rivière.

– C'est bien.

Père ressort avec la musette, en sifflotant. Le moment me semble bien choisi.

– J'ai trouvé un travail, dis-je, sans cesser de traire.

Il s'arrête, se retourne. Je lève les yeux vers lui et précise :

– Pour monsieur Osterman.

Il me dévisage, longuement, mais il n'est pas en colère. Pas encore, du moins.

– Quand as-tu parlé à monsieur Osterman ?

– Je suis allé le voir lundi, pendant que j'étais en ville avec maman, pour lui répéter ce que m'avait dit Joe Hampton au sujet de l'attaque des Sumas.

Il fronce les sourcils.

– Quelle attaque ?

– Joe dit que les Sumas se rassemblent... à cause de ce qui s'est passé. Mais c'est rien. Monsieur Osterman dit qu'il ne faut pas s'inquiéter. Il sait, grâce aux télégrammes qu'il reçoit, que les Canadiens contrôlent la situation.

– Pourquoi n'as-tu pas pensé à en parler à ton père, avant d'aller raconter ça à monsieur Osterman ?

– J'ai essayé, dis-je, sans oser préciser ce qui m'en a en empêché.

J'attends son explosion de colère, mais elle ne vient pas. Pendant un instant, j'ai l'impression qu'il n'ose pas me regarder. Alors, j'ajoute :

– Monsieur Osterman m'a recommandé de ne rien dire à personne, au sujet des Sumas, pour ne pas provoquer la panique. Et il m'a chargé de te transmettre le message.

– Vraiment ?

– Je lui ai dit aussi que Joe affirmait que Louie Sam était innocent.

Père fait un pas vers moi.

– Quoi ?

– D'après Joe, Louie Sam a dit à sa mère qu'il n'avait pas tué monsieur Bell.

– Et monsieur Osterman t'a demandé de ne le répéter à personne ?

– Oui.

Je vois qu'il est déconcerté.

– Je ne veux plus que tu fréquentes monsieur Osterman, dit-il. Tu entends ?

– Mais je vais travailler pour lui, je vais réparer la ligne du télégraphe. Il me donnera un dollar et vingt-cinq cents par jour... De quoi payer le médecin et les médicaments pour Teddy.

Père secoue la tête. La moutarde lui monte au nez. C'est à mi-voix, d'un ton menaçant, qu'il demande :

– Tu penses que je ne suis pas capable de payer le médecin ?

– Non. Enfin, je veux dire... si ! (Je ne sais plus où j'en suis.) Je veux vous aider.

Il reste muet un moment, toujours sans me regarder. Puis il dit :

– Je t'en remercie.

Sur ce, il sort pour nourrir Ulysse. Très vite, je verse mon seau de lait dans le tonneau et suis mon père avec une lanterne. Je le retrouve dans l'enclos, en train de gratter Ulysse derrière les oreilles, en tenant la musette dans l'autre main. Mae vient fourrer son nez entre eux, elle veut sa part. Il lui flatte l'encolure et la repousse. Je connais la mentalité de mon père : une récompense se mérite.

– Pourquoi tu n'aimes pas monsieur Osterman ? je demande.

– Qui t'a dit que je ne l'aimais pas ?

– Pourquoi, papa ?

S'ensuit un long silence. Je prends un risque en insistant, mais je sens que, pour une raison quelconque, Père se méfie de M. Osterman. Peut-être est-ce la pénombre qui l'autorise à admettre que j'ai raison.

– J'ai entendu une histoire à son sujet, me confie-t-il. Apparemment, il passait beaucoup de temps à boire au saloon quand il était plus jeune, avant de devenir un homme respectable. Un soir, avec un copain nommé John Quin, ils ont bu du whisky de maïs jusqu'à perdre connaissance, alors Doc Barrow les a mis dans une chambre pour qu'ils dessoûlent. Le problème, c'est qu'au matin, Quin ne s'est pas réveillé, il était mort.

Il fait un petit sourire ironique, mais je ne vois pas ce qu'il y a de drôle.

– Il est mort de quoi ?

– C'est justement ça la question. Certaines personnes disent que c'est le whisky. Mais c'est quand même curieux cette manie qu'ont les gens de mourir dans l'entourage de Bill Osterman.

– Avec moi, il est gentil. Et tout le monde le respecte.

– Fais bien attention, c'est le seul conseil que j'ai à te donner.

Ulysse a fini son avoine. Père rapporte la musette dans l'étable et je retourne à la maison. Maman est assise dans le rocking-chair près du poêle avec Teddy dans les bras. Il dort encore.

J'annonce :

– Je lui ai dit. Au sujet de monsieur Osterman.

– Comment a-t-il réagi ?

– Il m'a demandé d'être prudent.

– Oui, dit-elle en remontant la couverture sur la tête du bébé. C'est toujours un bon conseil.

Chapitre quatorze

Le vendredi après-midi se déroule un événement que toute la vallée de Nooksack a attendu pendant des semaines et des semaines, avant que le meurtre de M. Bell accapare toute l'attention. Le gouverneur du Territoire de Washington, le Dr William A. Newell, vient en personne, de la capitale Olympia, pour évoquer notre statut politique, à la demande de Bill Moultray. Un bal doit avoir lieu ensuite dans la grande salle située au-dessus de l'écurie de louage de M. Moultray et, à vrai dire, c'est surtout cette réjouissance que les gens attendent avec impatience, les plus jeunes du moins. Avant que cette histoire de meurtre n'occupe tous les esprits, Abigail Stevens et les autres filles de l'école n'avaient qu'un seul sujet en tête : leurs nouvelles robes et les rubans qu'elles porteraient dans les cheveux.

La plupart des habitants du Territoire de Washington estiment que celui-ci devrait être un État depuis longtemps déjà. Le gouvernement fédéral rétorque que notre territoire n'est pas suffisamment peuplé pour mériter ce statut.

Ce qui ne nous empêche pas, comme les deux Dakota et le Montana, d'insister. C'est dans la nature des pionniers de vouloir se gouverner eux-mêmes. Nous voulons élire notre gouverneur, au lieu qu'il soit nommé par le président des États-Unis comme c'est actuellement le cas. Et nous voulons siéger au Sénat, au lieu de nous contenter d'un misérable siège à la Chambre basse.

Ce vendredi, à l'école, Mlle Carmichael nous libère plus tôt pour que nous puissions occuper les meilleures places quand débuteront les discours au Croisement. À seize heures, il y a déjà beaucoup de monde pour écouter les orateurs dans l'espace qui sépare le magasin et l'écurie de M. Moultray. Le soleil brille et un délicieux sentiment d'excitation flotte dans l'air, comme si tout était redevenu normal. Je balaye la foule du regard à la recherche de Père et je souris quand je l'aperçois, vers le fond, en train de discuter avec M. Stevens, le père d'Abigail, comme si les Gillies étaient redevenus des gens normaux, eux aussi.

Dave Harkness est présent, en compagnie de Mme Bell. Si elle a conscience des commentaires qui circulent dans son dos, elle s'en fiche, apparemment. Coiffée d'un beau chapeau, elle garde la tête haute ; on dirait qu'elle veut qu'on la remarque, à côté de M. Harkness, comme s'ils étaient unis, avec ou sans la bénédiction d'un prêtre. Je me tourne vers Pete Harkness, en train de faire le beau devant deux filles de l'école. Subjuguées par son baratin, elles n'arrêtent pas de glousser. Je me demande quel pouvoir spécial les hommes de la famille Harkness ont sur les femmes. À moins que ce soient les femmes qui exercent leur pouvoir sur eux.

Abigail Stevens me rejoint.

– Comment tu me trouves, George ?

Je ne sais pas quoi répondre. Elle est jolie, comme toujours, mais aujourd'hui elle porte un bonnet à brides, un chapeau de dame, d'où dépassent des boucles brunes qui ont remplacé ses habituelles nattes. Elle bat des paupières.

– Tu es très bien.

Bizarrement, ma réponse la met en colère.

– C'est tout ce que tu trouves à dire ?

Je ne vois pas ce que j'ai dit de mal.

– C'est vrai, tu es très bien.

– Pour ta gouverne, sache que ma mère a commandé ce bonnet à Seattle ! (Elle soulève le coin de son manteau pour me montrer la robe qu'elle porte dessous.) Et il est assorti à ma nouvelle robe de bal. Tu viens au bal, hein ?

– Euh, ce n'était pas prévu…

Alors que je m'apprête à l'impressionner en lui expliquant que je ne peux pas me coucher tard parce que je commence à travailler pour M. Osterman très tôt demain matin, elle me donne un coup avec son petit sac à main, assorti à sa nouvelle robe, lui aussi.

– George Gillies, tu es aussi abruti qu'un crapaud obèse en pleine chaleur !

Sur ce, elle part en coup de vent. Je me dis que je devrais peut-être lui courir après et essayer de savoir pourquoi elle se comporte aussi bizarrement tout à coup, mais au même moment, plusieurs hommes sortent du magasin de M. Moultray, parmi lesquels MM. Moultray et Osterman, accompagnés d'un individu dont je suppose qu'il s'agit du gouverneur Newell. Des chaises ont été disposées à leur intention, le long des planches du trottoir, face à la foule. Le gouverneur est un monsieur âgé, grand et maigre, avec d'épais favoris. Père affirme que c'est un pur Yankee de l'Est, la marionnette du président. Dans sa bouche, ce n'est pas un compliment.

M. Moultray réclame le silence. Comme je l'ai déjà dit, c'est un leader naturel. Quand il parle, les gens l'écoutent.

– Mesdames et messieurs, dit-il, je vous remercie d'être venus si nombreux en ce bel après-midi pour montrer au gouverneur Newell avec quelle ferveur nous autres, Washingtoniens, attendons de devenir un État à part entière.

Ces paroles sont accueillies par une explosion d'applaudissements et de cris. Mlle Carmichael, qui a réussi à trouver une place juste devant M. Moultray, frappe si fort dans ses mains que son bonnet est tout de travers.

– Et nous espérons que le gouverneur Newell saura transmettre cette ferveur au président, là-bas dans la capitale, car la question n'est plus de savoir si les habitants de ce grand territoire sont capables d'assumer la place qui leur revient parmi les républiques des États-Unis d'Amérique, mais quand !

La clameur de la foule redouble d'intensité. Le bonnet de Mlle Carmichael ne tient plus que par les rubans noués sous son menton. M. Moultray attend que les gens se calment avant de poursuivre, dans la même veine, évoquant à maintes reprises la notion de destinée et la volonté de Dieu. Pendant tout ce temps, le gouverneur demeure immobile et impassible sur sa chaise. On dirait qu'il s'est endormi les yeux ouverts. Le discours de M. Moultray se termine enfin, c'est maintenant au tour de M. Newell de prendre la parole. Il paraît un peu surpris quand M. Moultray prononce son nom, alors peut-être qu'il dormait, en effet. Il prend tout son temps pour se lever.

– Bonjour à toutes et à tous.

Les gens se taisent, ils attendent de savoir ce qu'il va dire. Après le plaidoyer enthousiaste et brillant de M. Moultray, comment pourrait-il avoir le culot d'affirmer que nous ne sommes pas prêts à devenir un État ? Avant d'aller plus loin, il sort de sa poche de veste une feuille de papier pliée. Ça ressemble à un télégramme.

– J'ai ici, dit-il, un câble envoyé par le ministre de la Justice, monsieur Davis, à Washington, daté d'il y a un peu plus d'une semaine, le jeudi 28 février précisément. Il concerne un fait commis la veille de cette date par certains habitants de la vallée de Nooksack.

Le 28 février, c'est le jour de naissance de Teddy. C'est aussi le lendemain du jour du lynchage de Louie Sam. Je jette un coup d'œil à MM. Moultray et Osterman, assis de part et d'autre du gouverneur. À en juger par la façon dont M. Osterman s'agite sur sa chaise, je devine qu'il n'a pas vu passer ce télégramme. Quant à M. Moultray, il est livide. Il affichait la même expression quand Louie Sam l'a reconnu. En un éclair, je revois la main de M. Moultray s'abattant sur l'arrière-train du poney. Je vois des jambes ligotées qui s'agitent dans le vide. Ma sensation de bien-être s'envole.

Le gouverneur lit le télégramme à la foule :

– « Suite à une communication émanant du gouvernement de Sa Majesté au Canada, je vous demande de charger votre police territoriale d'identifier et d'arrêter les membres d'un groupe d'autodéfense responsable du lynchage d'un Indien canadien sur le sol canadien près de Sumas Prairie, en Colombie-Britannique, dans l'attente de l'application des procédures d'extraditions par les autorités canadiennes. »

Le silence s'est abattu sur l'assistance. Le gouverneur contemple les habitants de la vallée de Nooksack tel un juge qui va prononcer une sentence.

– Conformément à ces instructions, reprend-il, j'ai demandé à M. Bradshaw, procureur du troisième district judiciaire de Port Townsend, de prendre des mesures immédiates et énergiques à l'encontre des leaders de ce groupe, afin qu'ils soient extradés vers le Canada où ils seront jugés pour leurs crimes.

MM. Moultray et Osterman sont abasourdis. Ou peut-être est-ce l'impression que j'ai, car moi, je le suis.

– Concernant le statut d'État, reprend le gouverneur, il me semble préférable de remettre cette question à plus tard.

Sur ce, il nous toise comme s'il attendait que les meneurs du groupe d'autodéfense s'avancent pour être jugés sur-le-champ. Mais personne ne bouge, à l'exception de Mlle Carmichael, qui plaque sa main sur sa bouche pour étouffer un petit cri. Je me retourne pour voir si Père est toujours là. Il est à la même place, au fond, à côté de M. Stevens. Tous les deux ont la tête baissée, les yeux masqués par le bord de leurs chapeaux. Tout le monde reste muet, jusqu'à ce qu'une voix rageuse s'élève de la foule :

– On nous a promis un discours sur notre avenir, on veut l'entendre !

Les gens se dévissent le cou pour voir qui a parlé. C'est Dave Harkness. La colère empourpre son visage. À côté de lui, Annette Bell a les sourcils froncés et les bras croisés. Elle glisse un mot à l'oreille de M. Harkness, qui se fait entendre de nouveau :

– Si le gouvernement des États-Unis a quelque chose à nous dire, qu'il vienne nous le dire en face, au lieu d'envoyer un vulgaire porte-parole !

La foule, totalement silencieuse jusqu'à présent, l'acclame. Les gens se manifestent bruyamment ; ils parlent de démocratie et de liberté, aucun d'eux n'a élu le gouverneur Newell à ce poste, disent-ils, il n'a donc pas le droit de venir se mêler de leurs affaires et de leur donner des ordres.

Juché sur les planches du trottoir, le gouverneur réplique que nous autres, colons, sommes une bande d'ignorants, incapables de nous administrer nous-mêmes, ce qui attise la colère de la foule. M. Moultray se lève pour essayer de calmer la foule, sans grande conviction cependant. Quand une pierre frôle M. Newell, suffisamment près pour faire trembler ses favoris, M. Moultray murmure quelque chose aux hommes qui sont venus d'Olympia avec le gouverneur, et qui s'empressent de l'entraîner à l'intérieur du magasin de M. Moultray. Celui-ci se retourne ensuite vers la foule pour déclarer :

– Concitoyens du comté de Whatcom, notre indéfectible désir de démocratie n'a pu échapper au gouverneur !

Nouvelle clameur. Je n'en reviens pas de voir avec quelle rapidité nous sommes passés du lynchage de Louie Sam à la question de notre statut, une nouvelle fois. Je n'en reviens pas de voir que les hommes de l'assistance, dont la plupart ont participé à l'expédition cette nuit-là, semblent se moquer des propos du gouverneur Newell. Pourtant, les cinq meneurs de la troupe sont présents : MM. Harkness, Osterman, Breckenridge, Hopkins et Moultray. Ce dernier est en train d'exciter les gens en les incitant à clamer leurs revendications.

Le gouverneur a disparu. Autour de moi, j'entends des personnes dire que Bill Moultray a donné une bonne leçon à l'envoyé du président. Quel culot de venir ici pour leur lire ce télégramme ! s'offusquent-ils. On dirait que le droit de devenir un État se confond maintenant avec le droit de pendre Louie Sam, même si, selon moi, ce n'est pas du tout la même chose. Le premier est un droit légitime et juste. Mais le lynchage... Si ces gens sont convaincus d'avoir bien agi, pourquoi ne vont-ils pas trouver le gouverneur pour le lui dire en face ?

Finalement, la foule commence à se disperser. Beaucoup de gens restent pour le bal, ils ont apporté des paniers repas pour dîner. J'aperçois Abigail Stevens assise sur une carriole, en train de manger un sandwich avec ses parents et ses petites sœurs. J'envisage d'aller la voir pour me rabibocher avec elle, et peut-être l'inviter à danser, mais à cette seule idée, je me mets à transpirer. À la place, je me dirige vers Père, alors qu'il détache Ulysse et Mae. John, Will et Annie sont déjà installés à bord de notre chariot.

– Tu rentres à la maison avec nous, George ? demande Père.

– Il est trop occupé à faire les yeux doux à Abigail, dit John.

Le regard de Père lui coupe la chique.

– Reste si tu veux, me dit-il.

Je vois qu'il se retient de sourire. Je trouve ça affreusement humiliant. Je grimpe à bord du chariot à côté de lui, sans rien dire. D'un petit coup de rênes, Père fait avancer Ulysse et Mae et nous voilà partis vers la maison, en cahotant.

Au bout d'un moment, mes pensées me ramènent vers le gouverneur. Je demande à Père :

– Tu crois qu'il pense vraiment ce qu'il dit quand il parle de punir les meneurs du groupe d'autodéfense ?

Il répond tout bas pour que les petits à l'arrière n'entendent pas :

– Il peut penser ce qu'il veut. Ce qu'il a l'intention de faire ensuite, étant donné que tous les habitants de la vallée ont juré de garder le secret, c'est une autre histoire.

– Tu penses qu'ils devraient être punis ?

Père m'adresse un regard de mise en garde. Je ne baisse pas les yeux. Je veux savoir.

– Oui, dit-il finalement. Je pense.

Chapitre quinze

Réveillé tôt le samedi matin, je décide d'en profiter avant d'aller retrouver M. Osterman. Je pars pêcher la truite dans un coin que je connais, en amont du moulin. À cette heure matinale, il fait frisquet, mais le soleil brille déjà et l'on sent que le printemps n'est pas loin. Alors que je pêche depuis quelques minutes, je sens une forte tension au bout de ma ligne. J'ai le temps d'apercevoir une nageoire dorsale marron à la surface avant que le poisson replonge en emportant ma ligne. C'est une grosse truite peut-être deux kilos. Je la laisse filer quelques instants, puis la ramène lentement vers le bord, en tirant juste assez pour qu'elle reste accrochée à l'hameçon. Quand elle devine qu'elle s'est fait avoir, elle décide de s'enfuir. Je sais que c'est le moment crucial, alors je la ferre d'un coup sec pour la sortir de la rivière. Elle s'agite furieusement dans l'herbe tel un démon, jusqu'à ce que je prenne une pierre pour l'achever.

– Belle prise !

Je me retourne vivement. Qui peut se promener par ici de si bonne heure, sinon Joe Hampton ? Il tient une canne à pêche qui devait appartenir à son père car les Indiens utilisent généralement des pièges et des lances.

– Je peux pêcher avec toi ? demande-t-il.

Je ne suis pas en position de refuser : aucune de nos familles ne peut revendiquer cette portion de rivière et, à vrai dire, nous sommes plus près de sa cabane que de notre maison.

– Si tu veux.

Il creuse la terre à la recherche d'un ver qu'il accroche à son hameçon, avant de lancer sa ligne dans l'eau. Assis dans l'herbe à moins de dix mètres l'un de l'autre, nos cannes à la main, nous écoutons les oiseaux chanter. Je meurs d'envie qu'il me raconte ce qui s'est passé avec ses *tillicums* de l'autre côté de la frontière. Mais il ne dit rien, il veut m'obliger à parler le premier.

– Tu es revenu quand ?

– Y a deux jours.

Et il retombe dans le silence. Je comprends qu'il a l'intention de me forcer à lui arracher chaque bribe d'information. Alors, je décide de le surprendre.

– Il paraît que le gouvernement canadien est intervenu pour calmer ton peuple.

– Si tu veux dire par là qu'ils ont envoyé un agent indien, c'est juste. Patrick McTiernan. Mais il est venu parce que le Sto-lo le lui a demandé.

Je n'aime pas son attitude, comme s'il avait toujours le dessus.

– Alors, ils vont attaquer ou pas ? je demande d'un air de défi.

– On y a réfléchi. Il y avait au moins deux cents personnes. On a discuté toute la journée et toute la nuit pour savoir ce qu'on devait faire. Certains pensaient qu'on devrait traverser la frontière et pendre les soixante-cinq premiers Américains qu'on trouvait, ça ferait un joli chiffre rond pour compenser le lynchage d'un jeune garçon innocent. Mais la plupart estimaient qu'il suffirait de capturer le premier Blanc qu'on voyait et de le conduire jusqu'à l'arbre où est mort Louie Sam pour le pendre au même endroit. Œil pour œil.

À cet instant, je sens que j'ai une autre touche. Je ferre. Ce n'est qu'un poisson-chat, mais cette prise me permet de me concentrer sur autre chose, car l'image de deux cents Indiens en colère franchissant la frontière pour pendre soixante-cinq d'entre nous, ou même un seul, ça me file les jetons. Je tourne le dos à Joe pendant que je décroche le poisson. Et je demande :

– Et alors, qu'a dit l'agent indien ?

– Il n'était pas très emballé par cette idée. Il nous a demandé d'y réfléchir à deux fois avant de déclencher un conflit qui pourrait se transformer en véritable guerre. Même s'il est évident que ce n'est pas nous qui avons commencé.

– Comment ça s'est terminé ?

– Tout le monde était d'accord sur un point : il faut une enquête pour savoir qui a réellement tué Jim Bell.

Un réflexe me pousse à contester l'innocence de Louie Sam, mais je ravale mes paroles. Joe Hampton me regarde d'un air satisfait, comme si je venais de reconnaître que le jeune Indien n'était pas coupable.

– Les chefs ont accepté de ne pas envoyer une expédition punitive de l'autre côté de la frontière. Ils ont dit aux gens de rentrer dans leurs villages. Ils laissent à la justice canadienne le soin de retrouver les meurtriers.

– Les meurtriers ? Tu penses que M. Bell a été tué par plusieurs personnes ?

À voir l'expression de Joe, j'ai l'impression d'être un demeuré.

– Je te parle des meurtriers de Louie Sam. Si ça ne tenait qu'à moi, tous les salopards qui ont participé à ce lynchage paieraient pour leur crime.

Il me dévisage en prononçant ces paroles. « Je sais que tu étais présent », semble-t-il dire. Je me retourne pour lancer le poisson-chat dans l'eau. Je le regarde repartir dans les profondeurs boueuses de la rivière, en sentant les yeux de Joe me transpercer comme deux hameçons. Un meurtrier. C'est ce qu'il pense de moi ?

Je rapporte la truite à la maison pour le repas de midi. En chemin, je réfléchis. Je veux croire que Louie Sam a assassiné James Bell. Je veux y croire, mais je suis assailli par le doute. Je le revois au moment où M. Moultray passe la corde autour de son cou. Je revois son expression : il est terrorisé, mais en colère aussi. S'il avait été coupable, il aurait réagi en coupable. Non ? Et je ne peux pas oublier qu'il portait des bretelles quand ils sont allés le chercher dans la ferme de M. York. J'aimerais savoir ce que sont devenues celles que nous avons trouvées dans le marécage. J'aimerais voir de mes propres yeux si c'étaient des bretelles d'adulte. Dans ce cas, cela voudrait dire que ce n'était peut-être pas Louie Sam qui avait pris la fuite. Mais qui, alors ? Et était-ce cette même personne qui avait tué M. Bell ?

De retour à la maison, je donne la truite à John pour qu'il la vide. Il proteste, mais je suis obligé de me rendre à Nooksack pour mon rendez-vous avec M. Osterman et je ne veux pas arriver en retard. J'emporte du pain et deux œufs durs pour les manger en chemin. Je n'ose pas demander à Père si je peux prendre Mae. Depuis que je lui ai annoncé que j'allais réparer les poteaux télégraphiques, il n'a plus abordé le sujet. Maman se réjouit que je rapporte un peu d'argent, mais elle s'inquiète car elle craint que ce soit un travail dangereux. J'avoue que je m'interroge, moi aussi. Mais le flacon de médicament de Teddy est presque vide. Si M. Osterman me paie une journée de travail, j'aurai de quoi payer le Dr Thompson et acheter un autre flacon que je rapporterai à la maison.

Quand j'arrive au Nooksack Hotel, la porte du bureau du télégraphe est ouverte, mais pas de M. Osterman. Je frappe, en pensant qu'il est peut-être caché dans un coin. Aucune réponse. Je ne sais pas quoi faire : entrer et l'attendre ou rester dans le hall de l'hôtel ? Je me tourne vers M. Hopkins. Je pourrais lui demander s'il sait où se trouve M. Osterman, mais il est en pleine conversation avec un homme aux cheveux roux, un client sans doute. En voyant ses bottes crottées et son manteau en daim usé, je me demande comment il peut se permettre de loger dans un établissement aussi chic. M. Hopkins m'a vu et il m'observe par-dessus ses lunettes, de la tête aux pieds, avec ma salopette et ma veste qui empestent le poisson, et il semble penser que, décidément, tous les traîne-savates se sont donné rendez-vous pour salir son bel hôtel. Je m'attends à ce qu'il m'ordonne de patienter dehors.

– J'ai rendez-vous avec monsieur Osterman, dis-je.

– À quel sujet ?

– Il m'a engagé.

Et pour bien insister, au cas où je ne me serais pas fait comprendre, j'ajoute :

– Je travaille pour lui.

Le rouquin se retourne et me regarde. Il m'adresse un sourire amical, reprend sa valise cabossée et attaque l'escalier en colimaçon qui conduit aux chambres.

– Va l'attendre dans son bureau, me dit M. Hopkins.

Un quart d'heure s'écoule. Je ne tiens plus en place à force de rester debout au milieu de la pièce. Il y a un beau fauteuil en cuir à côté de la cheminée, mais je n'ose pas m'y asseoir à cause de mes vêtements qui sentent mauvais. En revanche, le fauteuil de bureau possède un coussin que je pourrais enlever. C'est un fauteuil pivotant. Jamais je ne me suis assis sur un fauteuil pivotant.

Je jette un coup d'œil dans le hall de l'hôtel pour voir si j'aperçois M. Osterman. Toujours aucun signe. Je me penche au-dessus du bureau pour regarder dehors par la fenêtre. La rue est aussi silencieuse qu'une tombe. Alors, j'ôte le coussin du fauteuil et m'y assois. Je pivote légèrement sur la gauche, légèrement sur la droite, en m'imaginant dans la peau d'un télégraphiste. Je pose le doigt sur le levier de la petite machine que M. Osterman utilise pour envoyer des télégrammes. Je suis tenté de tapoter dessus, mais je crains d'envoyer sans le vouloir un message à un autre télégraphiste quelque part sur la ligne.

Loin de moi l'intention de fourrer mon nez dans des affaires qui ne me regardent pas, mais là devant mes yeux, au milieu des papiers étalés sur le bureau, je ne peux m'empêcher de remarquer un journal, et cette une qui me saute aux yeux : « La tragédie des Sumas. » Ce quotidien, le *British Columbian*, est publié de l'autre côté de la frontière, dans la ville de New Westminster. L'article narre le lynchage de Louie Sam et le rassemblement des Indiens du Canada auquel a assisté Joe Hampton. Je n'en reviens pas que l'on parle de nous dans le journal, comme si on était aussi célèbres que Wild Bill Hickok !

Déplorant le lynchage d'un garçon de quatorze ans, Louie Sam, considéré comme un acte illégal, l'agent indien Patrick McTiernan a promis aux chefs des tribus locales que le gouvernement du dominion ferait tout ce qui était en son pouvoir pour traduire les responsables en justice.

Le premier ministre de Colombie-Britannique, William Smithe, a pour sa part adressé un appel à son homologue Sir John A. Macdonald, à Ottawa. Celui-ci a exigé que des représentants du gouvernement des États-Unis et du Territoire de Washington identifient les meneurs du groupe de lyncheurs.

– Lève-toi de mon fauteuil !

M. Osterman se tient sur le seuil de la pièce, rouge de colère. Je me lève si brutalement que je manque de renverser le fauteuil pivotant.

– Euh… c'est monsieur Hopkins qui m'a demandé d'attendre ici, je bafouille comme un idiot.

– Il a dit attendre, pas fouiner.

M. Osterman marche vers son bureau. Il m'arrache le journal des mains et me foudroie du regard. Les seuls mots qui me viennent alors, sont :

– Il n'avait que quatorze ans.

– Ça ne change rien.

– On va avoir des ennuis avec la justice ?

– Tant que tu la boucles, tout ira bien.

– Mais les Canadiens...

– Au diable, ces foutus Canadiens !

M. Osterman a crié si fort que tout le monde dans l'hôtel a dû l'entendre, y compris les clients à l'étage. Je repense à ce qu'a dit mon père, comme quoi cet homme était devenu respectable sur le tard. Et je me demande si je ne suis pas en train de découvrir une facette de M. Osterman. Mais il se calme, un peu, peut-être par crainte de se faire remarquer, justement.

– J'en ai plus qu'assez des gens qui fourrent leur nez partout, et c'est valable pour toi.

– Désolé, monsieur Osterman.

– Ai-je commis une erreur en t'offrant ce travail, George ?

Je panique.

– Non, monsieur !

– Puis-je compter sur ta discrétion ?

Je ne sais pas trop ce qu'il veut dire par là et mon hésitation doit se voir car il ajoute :

– Puis-je compter sur toi pour faire ce qui est bien, pour être un habitant loyal de Nooksack ?

– Oui, monsieur. Absolument.

Il continue à m'observer, comme s'il réfléchissait avant de prendre sa décision.

– Très bien, dit-il. Si tu fais ce qu'on te demande, il n'y aura pas de problème entre nous.

– Oui, monsieur.

Je suis tellement soulagé que j'ai envie de pleurer, mais je me maîtrise pour lui montrer qu'il peut compter sur moi : je tiendrai parole.

Il se tourne alors vers une étagère sur laquelle il prend une grande carte qu'il déroule sur son bureau. C'est un plan de la ligne télégraphique. Avec son index, il montre la section qui part de l'extrémité de la Nooksack River, en direction de Ferndale.

– Je veux que tu commences ici et que tu avances vers l'ouest. M. Harkness te laissera prendre gratuitement le bac pour traverser la rivière.

Sans réfléchir, je demande :

– Et la portion qui passe près de la maison de monsieur Bell ?

Sa main s'abat sur le bureau.

– Tu n'as pas promis de faire ce qu'on te demandait de faire ?

– Si ! Désolé ! C'est promis !

J'ai envie de me donner des claques. Je ne peux pas apprendre à la boucler ? M. Osterman roule la carte, le visage déformé par la colère. Je suis sûr qu'il va m'annoncer que je suis renvoyé avant même d'avoir commencé. Mais, après un moment de silence, il demande :

– Est-ce que ton père possède une scie à main que tu pourrais lui emprunter ?

– Oui, monsieur.

Je sais que je prends un risque en demandant à Père de me prêter sa scie, mais je marche sur des œufs avec M. Osterman et je préfère ne pas lui dire « non ».

– Parfait. Ton travail consiste à couper les broussailles qui poussent autour des poteaux, pour qu'elles ne touchent pas les fils.

– Bien, monsieur.

– Tu dois également repérer les traces de moisissure sur les poteaux, de haut en bas, et les dégâts provoqués par les insectes et les oiseaux. Monsieur Moultray te fournira de la poix pour boucher les trous. Dis-lui d'ajouter ça sur mon compte.

– Bien, monsieur.

J'aimerais savoir comment je suis censé escalader les poteaux, mais je n'ose pas poser la question, de peur de passer pour un idiot.

– Une journée de travail commence à l'aube et s'achève au crépuscule. Demain matin, tu débuteras à la première heure. Tu pourras venir chercher ta paye ici lundi.

Je ne serai donc pas payé aujourd'hui, ni même demain. De plus, nous sommes dimanche demain et je vais encore manquer la messe. Mais je ne suis pas en position de me plaindre de travailler le jour du Seigneur, ni de réclamer une avance.

– Bien, monsieur. Merci, monsieur.

Je sors abattu de l'hôtel et traverse la rue pour me rendre à la pharmacie du Dr Thompson. Sa femme est derrière le comptoir, en pleine conversation avec une cliente qui n'est autre que Mme Stevens, la mère d'Abigail. Elles m'accueillent avec des sourires. Ça me fait plaisir de voir que tous les habitants de Nooksack ne sont pas contre les Gillies.

– Comment va le bébé ? s'enquiert Mme Thompson.

– Toujours malade.

Mme Thompson semble inquiète pour nous. Mme Stevens également.

– C'est toujours plus dur pour les bébés nés en hiver, dit-elle, même quand le temps est doux.

– Je m'occupe de toi tout de suite, me dit Mme Thompson.

Elle continue à emballer les achats de Mme Stevens en reprenant la conversation que j'ai interrompue.

– J'ai entendu dire qu'il avait l'intention de l'attaquer en justice, pour désunion affective.

Mme Stevens hausse les sourcils et fait claquer sa langue.

– Qu'est-ce que les hommes lui trouvent, à cette femme ? demande-t-elle.

– Un homme qui vit seul peut aisément se laisser fourvoyer, déclare Mme Thompson.

– Oui, mais dans quelles limites, dit Mme Stevens.

Mme Thompson lui répond dans un murmure :

– Je refuse de croire qu'il irait jusque-là.

Mme Stevens secoue la tête avec tristesse.

– Susannah doit se retourner dans sa tombe.

Je devine de qui elles parlent.

Mme Stevens salue Mme Thompson et sort de la boutique en me chargeant de transmettre le bonjour à maman.

– À nous, me dit Mme Thompson. C'est bien du tonique contre la fièvre que le docteur a conseillé pour le bébé, n'est-ce pas ? Ça fait soixante-quinze cents.

Elle se retourne pour prendre un flacon sur l'étagère derrière elle et le pose sur le comptoir. Puis elle attend son argent. Je reste planté là, muet.

– Est-ce que je pourrai vous payer lundi, madame ? Pour les deux ?

Elle fronce les sourcils. Je crains que les Gillies n'abusent de sa charité.

– Ça fera deux flacons sur votre compte. Tu es sûr que tu auras de quoi payer lundi, George ?

– Oh, oui, madame ! Je travaille pour monsieur Osterman !

Elle me regarde bizarrement.

– Et en quoi consiste ce travail, au juste ?

– Je répare les poteaux du télégraphe.

– Tes parents le savent ?

– Oui, madame.

– Et ils sont d'accord ?

– Oui, madame.

Son sourire s'est crispé. Elle pousse le flacon vers moi sur le comptoir.

– Très bien, George. Je te dis à lundi, alors.

Maman est tellement reconnaissante quand je lui rapporte le médicament qu'elle me donne une part de tarte aux pommes. Évidemment, elle n'est pas très contente d'apprendre que je vais passer tout le dimanche hors de la maison et louper la messe, mais il faut savoir faire des sacrifices, dit-elle. Elle regrette juste que ce soit mon âme immortelle qui fasse ce sacrifice. Pour une fois, le calme règne dans la maison. John et Will sont dans les champs avec Père, et Annie a entraîné Isabel dans le jardin pour lui apprendre à danser, alors qu'elle ne sait pas faire la différence entre une valse et un pas de deux. Teddy est réveillé dans son berceau près du poêle, mais il ne pleure pas, il ne crie pas. Il est juste allongé. Maman prend son panier à raccommodage et s'assoit à table pendant que je mange ma part de tarte aux pommes.

– Maman, c'est quoi une « désunion affective » ? je demande.

– Pourquoi veux-tu savoir ça ?

– J'ai entendu madame Thompson prononcer ces mots. Elle parlait de monsieur Harkness et de madame Bell.

Je vois sur son visage qu'un déclic s'est produit.

– Ah bon ? dit-elle.

Soudain, la voilà concentrée sur le trou de la chaussette qu'elle étire entre ses doigts.

J'insiste :

– Alors, qu'est-ce que ça veut dire ?

Elle ne répond pas.

– J'ai quinze ans, maman. J'ai besoin de connaître les choses de la vie.

Elle me regarde. Avec un sourire triste.

– Oui, c'est vrai, soupire-t-elle. « Désunion affective », c'est quand quelqu'un s'immisce entre un homme et une femme mariés ou fiancés.

– Et on peut être jugé pour ça ?

– Oui.

Je commence à comprendre.

– Donc… Monsieur Bell voulait attaquer en justice monsieur Harkness parce qu'il s'était… immiscé entre lui et madame Bell ?

J'ai éveillé l'intérêt de ma mère, apparemment.

– C'est ce qu'a dit madame Thompson ?

– Je suis quasiment sûr qu'elle parlait de lui.

– Eh bien, dans ce cas… Monsieur Bell avait estimé qu'il avait de bonnes raisons d'attaquer monsieur Harkness en justice.

Je plante ma fourchette dans la tarte et avale une autre bouchée. Nous restons silencieux tous les deux ; maman raccommode et moi, je songe que j'étais loin de me douter qu'il existait une telle animosité entre M. Bell et M. Harkness. Mais en réalité, ce n'est pas surprenant.

Chapitre seize

John est occupé à traire les vaches quand j'entre dans l'étable le dimanche matin. Je prends la scie de Père accrochée à un clou. John m'observe sans interrompre sa tâche.

– Tu lui as demandé si tu pouvais l'utiliser ? me lance-t-il.

– Occupe-toi de tes affaires, John.

La vérité, c'est que je n'ai pas demandé la permission à Père. J'espère rapporter la scie avant qu'il s'aperçoive de sa disparition. Je la glisse dans le havresac avec le pain et le fromage que m'a donnés maman et emprunte le chemin qui conduit au Croisement, alors que le soleil apparaît tout juste au-dessus des arbres.

C'est le deuxième dimanche depuis la mort de M. Bell. Quand j'atteins les ruines de sa maison, le soleil est suffisamment haut pour faire scintiller le givre qui s'est posé sur les morceaux de bois calcinés telle une mousse blanche. C'est presque beau. Je n'ai pas encore pris mon petit déjeuner, alors je m'arrête pour manger un peu de fromage avec du pain, en parcourant les décombres. À l'école, les élèves commencent à raconter que cette portion du chemin est hantée par le fantôme de M. Bell, mais ce lieu ne me paraît pas hanté. On a plutôt une impression de solitude. Mais c'était déjà le cas de son vivant.

J'arrive à l'endroit qui séparait autrefois le magasin de sa cuisine, là où nous avons découvert son corps, et je me demande pour quelle raison sa femme et son fils le haïssaient autant. Sa femme le haïssait-elle au point de souhaiter sa mort ? Était-ce ce que laissaient entendre Mme Thompson et Mme Stevens ? Il me semblait impossible que nous ayons un meurtrier parmi nous. Mais si Louie Sam n'a pas tué M. Bell, c'est forcément quelqu'un d'autre. Je poursuis mon chemin. Mon esprit déborde de sinistres pensées jusqu'au Croisement : M. Bell haïssait M. Harkness qui lui avait volé sa femme et Mme Bell haïssait son mari à cause des ennuis qu'il leur causait à elle et à M. Harkness. Je ne sais plus ce qu'il faut croire.

Quand j'arrive devant le magasin de M. Moultray, il est encore fermé. Dans l'écurie, je tombe sur Jack Simpson. Si je lui accorde une minute, dit-il, il ira chercher dans la remise la poix dont j'ai besoin pour réparer les poteaux. Je le regarde nourrir les derniers chevaux. Jack est un garçon sympathique, au sourire facile, malheureusement il sent mauvais car il n'a ni mère ni femme pour laver ses affaires et lui dire de prendre un bain. Notre faible différence d'âge m'autorise à lui poser une question.

– Qu'est-ce que tu penses de la déclaration du gouverneur Newell qui a promis de retrouver les meneurs du groupe d'autodéfense ?

– Il peut toujours essayer, ricane-t-il.

– Monsieur York a vu ton visage. Il sait qui tu es.

– Monsieur York est un bon comédien.

– Comment ça ?

– Ses protestations, ses injures, devant nous, c'était de la comédie. Il savait bien qu'on allait venir chercher l'Indien.

– Par qui ?

– T'occupe.

Il me lance un regard de mise en garde et se tait, chose rarissime chez Jack, de nature bavarde. Je le suis hors de l'écurie, jusqu'à la remise où il ouvre un tonneau pour verser des louches de poix noire et visqueuse dans un seau. Une autre question me démange :

– Il était comment ?

– Qui ça ?

– Louie Sam. Tu l'as vu cette nuit-là, non ? À l'intérieur de la ferme.

– Non, je l'ai pas vu. Ils l'avaient enfermé dans une pièce du fond.

Mais, n'étant pas du genre à laisser passer une occasion de se mettre en avant, il ajoute :

– Par contre, monsieur York m'a parlé de lui.

– Et qu'est-ce qu'il a dit ?

– Qu'il était calme. Qu'il avait suivi le shérif Leckie et monsieur Campbell sans faire d'histoires quand ils l'avaient arrêté.

– D'après Joe Hampton, Louie Sam a dit à sa mère qu'il n'était pas coupable.

Jack interrompt son geste, la poix coule de la louche. Il s'emporte :

– On s'en fiche de ce que raconte Joe Hampton !

– Et si c'est la vérité ? Si on s'est trompés de coupable ?

Jack crache dans la paille.

– Peu importe. Je pourrais tuer un Chinois aussi facilement qu'un Indien. Et je pourrais tuer un Indien aussi facilement qu'un chien.

Jack Simpson a la réputation d'être un garçon agréable mais, à cet instant, je me demande bien pourquoi. Je le trouve plutôt vantard et haineux.

– Il n'avait que quatorze ans, dis-je.

Son visage s'assombrit et il pointe le doigt sur moi.

– Vous autres, les Gillies, vous feriez bien de pas oublier qui sont vos amis. Alors, ferme-la.

Il me tend brutalement le seau de poix et s'en va sans même un « Salut ! ».

Et voilà, j'ai recommencé, j'ai encore trop parlé. N'empêche, j'en ai marre qu'on m'ordonne de me taire.

Je descends la colline jusqu'à l'embarcadère du bac : un chaland attaché à une épaisse corde tendue d'une rive à l'autre de la Nooksack. À cet endroit, la rivière est peu profonde et calme, contrairement à l'endroit où elle dévale du mont Baker, au sud-est. À moins de posséder un bateau ou une barque, le bac est le seul moyen de se rendre à Ferndale ou à Bellingham. La traversée coûte vingt-cinq cents pour une personne et cinquante cents pour un cheval ou tout autre animal à quatre pattes.

Il n'y a personne quand j'arrive à l'embarcadère. Le chaland est amarré au petit appontement, de l'eau stagne au fond de la coque, conséquence de la pluie de la nuit dernière. En un sens, je suis soulagé de ne pas me retrouver face à M. Harkness, vu les pensées que j'ai nourries à son égard. Mais normalement, je devrais déjà me trouver sur l'autre rive pour examiner les poteaux télégraphiques. Alors, je gravis le sentier qui conduit à la maison où Pete vit avec son père, Mme Bell et Jimmy. Le cheval de M. Bell est dans un petit enclos. Quand il me voit, il vient vers moi à l'amble et tend la tête au-dessus de la clôture. Peut-être se souvient-il de moi depuis qu'il nous a emmenés dans le Nord avec Pete. Plus vraisemblablement, il a faim et se demande si je n'ai pas quelque chose à manger.

Je repense à toutes les fois où je suis venu ici en été. Mme Harkness, la mère de Pete, nous donnait des pancakes qui restaient du petit déjeuner, avec de la confiture. Ensuite, nous allions pêcher dans la rivière ou poser des pièges à lapin dans les bois. Nous pouvions passer des heures à imaginer des aventures. La maison n'a pas beaucoup changé depuis l'époque où Mme Harkness y habitait ; elle n'a pas l'apparence d'un lieu de dépravation. De la fumée s'échappe de la cheminée, j'en déduis donc que les occupants sont levés. Je frappe à la porte. Pas de réponse. Je frappe plus fort.

Jimmy Bell vient ouvrir. Son visage, notamment ses yeux, porte encore les traces de la raclée que lui a infligée John une semaine plus tôt.

– Qu'est-ce que tu veux ?

Il ne semble pas du tout content de me voir devant chez lui. Sans doute que tous les Gillies se valent à ses yeux.

– Il faut que je traverse la rivière, dis-je. Je dois réparer des poteaux pour monsieur Osterman.

– Papa ! crie-t-il en se retournant vers l'intérieur de la maison.

Tiens donc, songe-je. Il appelle M. Harkness « papa » ?

– Quoi ? braille une voix.

– George Gillies dit qu'il doit traverser la rivière !

Une seconde plus tard, la porte s'ouvre en grand. Mais ce n'est pas M. Harkness qui apparaît à côté de Jimmy. C'est Pete. Il me toise comme si j'étais un détritus échoué sur son perron.

– Pourquoi tu veux traverser, George ? Pour aller organiser un *pow wow* avec tes amis indiens ?

Ça recommence. Depuis quand Pete est-il devenu aussi méchant ?

– Si tu veux savoir, dis-je, j'ai un travail à faire de l'autre côté, pour ton oncle.

– Tu as vingt-cinq cents ?

– Monsieur Osterman a dit que je n'avais pas besoin de payer.

M. Harkness nous rejoint à cet instant. Il est en train de mettre ses bretelles et ses cheveux bruns sont ébouriffés comme s'il sortait du lit. Il paraît encore plus grand dans l'encadrement de cette porte faite pour des gens de taille normale.

– Il a dit ça ? répond-il.

Avec sa carrure et ses grognements, il me fait penser à un gros ours noir. À vrai dire, M. Harkness m'a toujours un peu effrayé.

Jimmy intervient :

– Il dit qu'il répare les poteaux télégraphiques.

M. Harkness regarde mon seau de poix, puis revient sur moi. Et il éclate de rire.

– Fais-le traverser, dit-il à Pete.

Et il ajoute, à mon attention :

– Va attendre en bas.

Sur ce, il me claque la porte au nez.

J'attends un bon quart d'heure à l'embarcadère avant de voir Pete descendre le sentier en sautillant. Il me dit de monter à bord du chaland pendant qu'il défait les amarres. Mes bottes trempent dans cinq centimètres d'eau. Je regarde la rivière. Bien que peu profonde à cet endroit, l'eau est glacée et le courant fort. Je m'interroge : M. Hampton s'est-il noyé près de cette rive ou de l'autre ? Ou bien au milieu ? Tout le monde connaît cette histoire par ici. À l'époque, un simple canoë servait de bac. À la fin du printemps, le niveau de l'eau avait beaucoup monté. M. Hampton était parti chercher un voyageur de l'autre côté, malheureusement un tronc qui flottait avait heurté et fendu en deux l'embarcation. On racontait que sa famille se trouvait sur la rive quand il avait été projeté dans les flots furieux. Joe avait-il vu son père se noyer ?

– Tu as déjà fait ça ? je demande à Pete.

– Évidemment.

Il saute dans le chaland et me tend un seau.

– Commence à écoper, m'ordonne-t-il en se saisissant d'une longue perche pour nous faire avancer.

– C'est ton boulot, je réplique.

– Mon boulot, c'est de conduire ton cul de fainéant de l'autre côté. Et je te rappelle que tu traverses gratos, alors ne me prends pas pour ton larbin ou je ne sais quoi.

Il enfonce la perche dans l'eau et pousse en utilisant tout le poids de son corps. Dès que l'embarcation quitte l'appontement, je sens la force du courant qui tente de l'entraîner vers l'aval. L'eau clapote à mes pieds. Je remplis le seau pour écoper.

– Combien te paye l'oncle Bill ? demande Pete.

– Un dollar et demi par jour.

– Quoi ?

Son évidente jalousie me réjouit.

– Pourquoi c'est toi qu'il a engagé, d'abord ? Moi, je l'aurais fait pour un dollar, et je suis de la famille.

– Il se dit peut-être qu'on peut compter sur moi, je réponds.

– Tu es en train d'insinuer que c'est pas mon cas ?

– Écoute, Pete, si tu veux savoir pourquoi il m'a engagé à ta place, va lui demander.

Cette réplique lui cloue le bec. On approche du milieu de la rivière. Le chaland tire sur la corde. Il faut toute la force de Pete pour nous faire avancer. S'il ne s'était pas montré aussi hautain avec moi dernièrement, je l'aurais aidé.

– Je vois que madame Bell a récupéré le cheval, dis-je.

– C'est pas tes oignons.

– Je me demande juste ce qu'en penserait monsieur Bell.

– Monsieur Bell n'est plus en état de penser quoi que ce soit.

– Elle a récupéré l'or aussi ?

– Quel or ?

– Cinq cents dollars en pièces d'or. Monsieur Moultray les a découvertes dans la maison de monsieur Bell après l'incendie.

– Je n'en ai pas entendu parler.

– Si madame Bell s'est arrangée pour récupérer l'or, en plus du cheval, on peut penser qu'elle souhaitait la mort de monsieur Bell, non ?

– Qu'est-ce que tu racontes ? Tu crois qu'elle a demandé à cet Indien de commettre un meurtre à sa place ?

Je vois bien que Pete cogite. L'idée que sa pseudo-belle-mère puisse être impliquée dans cette sale histoire ne l'avait pas effleuré jusqu'à maintenant.

– À toi de me le dire, je réponds. C'est toi qui as vu Louie Sam, ce jour-là.

– Et comment que je l'ai vu !

– Tu ne me dis pas qu'il avait une lueur meurtrière dans le regard ?

Il est tellement furieux qu'il arrête de pousser.

– Je sais ce que j'ai vu !

Pendant un instant, je crois que je suis allé trop loin, il va me balancer par-dessus bord. Mais la confusion le dispute à la colère sur son visage.

– Calme-toi, lui dis-je. Je te trouve vachement chatouilleux sur ce sujet.

– Ferme-la ou c'est moi qui vais te la fermer !

Il se remet à pousser sur sa perche, sans oser me regarder.

À l'approche de la rive, il tente de ralentir le chaland, mais nous arrivons trop vite et percutons l'appontement, avec une violente secousse. Les planches en ont pris un coup.

– Ton père ne va pas être content.

Je débarque et demande à Pete, qui fuit toujours mon regard, de guetter mon retour cet après-midi. Après quoi, je suis la piste du télégraphe sans me retourner, heureux d'avoir eu le dernier mot pour une fois.

Chapitre dix-sept

Le premier poteau télégraphique que je rencontre, haut d'une dizaine de mètres, se trouve à quelques pas de la rive. Le câble sort du fond de la rivière à l'endroit où il la traverse. La partie immergée est enveloppée de caoutchouc, mais à l'endroit où il rejoint l'isolateur, au sommet du poteau, le cuivre est à nu. Le poteau étant planté sur un terrain dégagé, il n'y a pas véritablement de broussailles tout autour. À vrai dire, je ne sais pas trop ce que je suis censé vérifier. À première vue, le câble semble bien fixé à l'isolateur et le poteau n'a pas souffert des assauts des oiseaux ou des insectes. Alors, je poursuis mon chemin.

Le télégraphe transporte en quelques secondes des messages qui mettaient autrefois plusieurs jours, voire des semaines, à circuler, en diligence ou en train. La ligne franchit les montagnes et les gorges, de poteau en poteau. Il a fallu des centaines d'hommes et des années de travail pour faire passer le câble à travers une des régions les plus sauvages que l'on puisse imaginer. Heureusement, le chemin que je dois suivre est tout plat, même si maintenant la forêt est touffue de chaque côté.

Le poteau suivant se trouve une trentaine de mètres plus loin. La ligne semble en bon état là aussi, autant que je puisse en juger d'en bas, mais le sol est marécageux et des ronces en ont profité pour étendre leurs longs tentacules. Je sors ma scie pour les couper. Puis je songe que je pourrais en profiter pour tailler tout le buisson. Les épines s'accrochent à mes mains et à ma veste. L'opération me prend un bon moment. Une fois le poteau dégagé, je remarque une trace de pourriture dans le bois, alors je déniche dans la forêt une branche suffisamment longue que j'utilise pour appliquer un peu de poix.

Cela étant fait, je glisse la scie dans ma ceinture et reprend mon examen des poteaux, en taillant les broussailles lorsque cela s'impose. Une ou deux fois je suis obligé d'escalader une partie du poteau pour appliquer de la poix, avec des bâtons de différentes tailles.

En fin de matinée, le ciel s'est assombri. Il pourrait pleuvoir de nouveau. Alors que je me dirige vers mon vingt-troisième poteau, je vois venir en sens inverse une famille d'Indiens. Je ne me sens pas rassuré car je suis le seul Blanc dans un périmètre de je ne sais combien de kilomètres. Impossible de déterminer si ces Indiens ont des intentions hostiles ou pas, et je regrette de ne pas avoir apporté autre chose qu'une scie. Une hachette aurait été un réconfort, ou mieux, un fusil. Mais nous ne possédons qu'un seul fusil et c'est Père qui s'en sert, même si j'ai le droit de l'utiliser parfois pour tirer sur des lapins.

Je garde un œil sur la ligne télégraphique et l'autre sur les Indiens. Lorsque nous approchons les uns des autres, je constate qu'il s'agit en fait de deux femmes accompagnées d'une bande d'enfants, alors je me détends un peu. Mais ils me regardent fixement et cela me met mal à l'aise. L'une des deux femmes n'est pas plus âgée qu'Abigail Stevens. Elle dit quelque chose à l'autre, sa mère sans doute, dans leur charabia, et elles rigolent. Vu la façon dont elles me regardent, elles se moquent de moi, sans aucun doute. Et voilà que les enfants se mettent à ricaner eux aussi. Je n'avais pas l'intention de leur adresser la parole, mais je ne peux m'en empêcher maintenant.

– Qu'est-ce qu'il y a de si drôle ?

Nous sommes tous arrêtés au milieu du chemin. Un des enfants, un garçon de la taille d'Isabel, commence à se trémousser, les mains de chaque côté de la tête pour mimer les cornes du diable. Une sorte de danse païenne, je suppose. En tout cas, les autres trouvent ça hilarant car ils se tiennent le ventre en riant de plus belle. Ce qui incite le jeune garçon à redoubler d'ardeur. Il se réjouit d'attirer l'attention des deux femmes avec ses pitreries.

Mais sa grande sœur sans doute, une fille de l'âge d'Annie, ne trouve pas ça amusant. Elle lui saisit les bras pour l'obliger à arrêter, comme le fait Annie avec Isabel. Le visage du garçon se contracte et il pousse un gémissement à vous briser les tympans. La mère intervient pour les séparer, en réprimandant la fille et en réconfortant le garçon. Je n'ai pas besoin de comprendre leur langage pour deviner ce qu'elle dit. Je sais ce que ma mère dirait.

Plus personne ne rit quand ils repartent. La mère, la fille et le petit garçon boudent. Mais l'autre femme, la plus jeune, se retourne.

– *Homme*, dit-elle en parlant de moi.

Elle montre sa tête, puis la mienne.

– *Mowitsh*.

Je passe ma main dans mes cheveux et découvre que deux brindilles, provenant des buissons que j'ai taillés, sont plantées de chaque côté de mon crâne. Voilà pourquoi le jeune garçon se moquait de moi. Je hoche la tête pour indiquer à la jeune Indienne que j'ai compris. Elle me rend mon sourire, timidement, et s'empresse de rejoindre les autres.

– Merci ! je lui lance.

Elle se retourne et me sourit de nouveau.

Il y a un poteau tous les soixante-dix mètres environ le long de la piste, soit une quinzaine par kilomètre. Il est midi largement passé quand je fais une pause. Je m'assois sur une souche humide sous mes fesses et sors le pain et le fromage donnés par maman. Même s'il ne fait pas très chaud, le travail m'a donné soif. Hélas, il n'y a aucun ruisseau à proximité. Je suis fatigué et j'aimerais bien me reposer un peu plus longtemps, mais je suis désireux de faire bonne impression pour mon premier jour. Alors, je range le reste de nourriture dans mon sac, glisse la scie dans ma ceinture, ramasse le seau de poix, mes bâtons, et me remets en marche.

Après avoir dépassé le cinquantième poteau, je m'aperçois qu'il y a un problème avec le suivant. Le câble s'est détaché de l'isolateur de verre. Il pend maintenant entre les poteaux cinquante et cinquante-deux, à trois mètres du sol. Comment monter jusqu'au sommet du poteau pour le remettre en place ? Il me faudrait une échelle. Je remarque alors qu'un cèdre tout proche penche en direction du poteau. En grimpant dans l'arbre, peut-être que je pourrais, à l'aide de mon bâton le plus long, soulever le fil et le remettre sur l'isolateur.

Au moment où je saute pour saisir la branche la plus basse du cèdre, j'ai l'impression d'entendre la voix de maman : « Sois prudent, George. » Je repense à la scie glissée dans ma ceinture. Je la retire et la pose prudemment par terre, à côté du seau de poix et de mon havresac. Puis je commence à grimper, avec mon bâton coincé sous le bras. Les grosses branches du cèdre sont solides, mais un tas de petites branches me bloquent le passage. J'envisage de redescendre chercher la scie, mais j'atteins finalement une branche située *grosso modo* au même niveau que le câble détendu et je me fraye un chemin au milieu du feuillage jusqu'à une trouée.

J'ai de la chance : je vois le câble, à quelques dizaines de centimètres seulement de la branche sur laquelle je suis assis. En tendant le bras, je l'atteins avec mon bâton. Mais je parviens juste à le faire se balancer. Il faut que je réussisse à l'accrocher, d'une manière ou d'une autre. Je grimpe un peu plus haut dans l'arbre, jusqu'au niveau de l'isolateur, afin de soulever le câble par en dessous.

La branche est assez large pour que je m'y tienne debout. J'avance centimètre par centimètre en me retenant aux autres branches. La mienne devient plus fine, mais elle continue à supporter mon poids. Finalement, lorsque j'estime être suffisamment près, je glisse mon bâton sous le câble et donne un grand coup pour le faire venir vers moi. À la première tentative, il reste hors d'atteinte. Mais au deuxième essai, je parviens à l'attraper.

Hélas, le câble me brûle la paume comme la piqûre d'une guêpe géante. Le choc se répercute dans mon bras. Je suis tellement surpris que je ne songe même pas à lâcher le câble. Je continue à le tenir dans la main comme un imbécile. J'ai la tête qui tourne. Je perds l'équilibre. Tout devient noir. La dernière chose dont je me souviens, c'est de ma chute à travers les branches, des égratignures et des coups. Par contre, je ne me souviens pas de l'atterrissage.

Quand je reviens à moi, je me dis d'abord que tout est étrangement calme. Je me demande pourquoi je n'entends pas mes frères et mes sœurs se chamailler, ni maman en train de s'affairer devant la cuisinière pour préparer le petit déjeuner. Puis, peu à peu, je comprends où je me trouve et je me souviens de ce qui s'est passé.

Je suis allongé sur le dos, sous le poteau numéro cinquante et un. À en juger par l'obscurité qui se rassemble entre les arbres, l'après-midi touche à sa fin. J'ai la gorge en feu. Je regarde ma main droite, celle avec laquelle j'ai attrapé le câble. La peau est brûlée et cloquée. Mais surtout, une violente douleur palpite dans mon bras gauche. Il est coincé sous mon dos, dans une position bizarre. Appuyé sur mon coude droit, j'essaye de me redresser, mais la douleur de mon autre bras irradie jusque dans mon cou et m'arrache un cri. Je me rallonge sur le dos, pour réfléchir. Il règne un tel silence dans la forêt que l'on pourrait entendre une brindille se briser à un kilomètre. Mais je n'entends absolument rien.

– Ohé !

Je compte sur un miracle pour que quelqu'un soit suffisamment près pour venir à mon secours ; cette famille d'Indiens que j'ai croisée peut-être, rentrant chez elle après être allée je ne sais où. Ces femmes sauraient s'occuper de mon bras, fabriquer une attelle et le bander.

– Ohé !

Mais il n'y a personne. Je lève les yeux vers le câble du télégraphe, à peine visible maintenant dans l'obscurité naissante ; il pend toujours au-dessus du sol, dans l'état où je l'ai trouvé. *C'est donc ça, une décharge électrique.*

Un petit détail dont M. Osterman a oublié de me parler. Je songe : *Si j'avais entraîné le câble avec moi dans ma chute et s'il s'était rompu, les messages ne pourraient plus passer et au moins, M. Osterman saurait qu'il y a un problème.* Hélas, la ligne télégraphique est intacte. Contrairement à moi.

Je sais que je ne peux pas rester ici. La forêt est calme pour le moment, mais la nuit, les pumas chassent, les loups et les ours rôdent. J'inspire profondément, plusieurs fois, et parviens à m'asseoir. La douleur provenant de mon bras gauche va et vient dans tout mon corps, mais je me dis que si je ne bouge pas, elle va se calmer, et c'est ce qui se produit, un peu. Je prends encore quelques profondes inspirations et me mets debout. Je crois que je vais m'évanouir sous l'effet de la douleur. Malgré tout, mon cerveau embrumé oblige mes pieds à avancer, l'un après l'autre, sur le chemin, en sens inverse. J'ai trois kilomètres à parcourir et je dois y arriver avant que les Harkness arrêtent le bac pour la nuit.

Chaque pas provoque une nouvelle secousse dans mon corps et, à force, j'ai même mal aux dents. Je m'aperçois que si je me sers de ma main droite brûlée pour plaquer mon coude gauche contre mon corps, la douleur diminue légèrement. Au bout d'un moment, je retrouve le moral, très curieusement. À vrai dire, je me sens un peu comme la fois où avec Pete Harkness nous avons pris en douce la cruche de son père pour goûter l'alcool de Doc Barrow.

J'éprouve une agréable sensation de vertige. Je me sens un peu bête.

Je ralentis le pas. Je me dis de ne pas m'inquiéter, tant pis si je n'arrive pas à temps au bac. Je n'ai qu'une envie : dormir. D'ailleurs, j'ai déjà l'impression de dormir, même si je continue à marcher. Je me dis que je pourrais très bien m'allonger là et fermer les yeux, juste un instant. Mais soudain, je trébuche sur une racine et la douleur dans mon bras et mon épaule éclate en moi. Et me réveille. Je comprends que je dois continuer à marcher, avant que le sommeil s'empare à nouveau de moi.

Tout à coup, je prends conscience que quelque chose se déplace à travers la forêt, le long de la piste, à ma hauteur. Une créature au pied léger qui file entre les arbres telle une ombre. Le plus étrange, c'est que je n'ai pas peur. Je sens que cette chose, quelle qu'elle soit, n'a pas de mauvaises intentions. Voilà peut-être ce que veulent dire les prêtres quand ils parlent de marcher près de Dieu. Mais soudain, je m'aperçois qu'il s'agit ni d'un animal ni de Dieu, mais d'un être humain. Petit : un enfant comme moi.

– Qui est là ?

Il ne répond pas. Je le perds de vue quand un groupe de buissons se dresse entre nous et je panique un peu car je me sentais moins seul en le voyant. Aussi suis-je soulagé de découvrir qu'il est toujours là quand nous atteignons l'extrémité des buissons. Il a calqué son allure sur la mienne.

Je demande :

– Qui es-tu ?

Toujours pas de réponse.

– Montre-toi.

Brusquement, il surgit de la forêt face à moi, sur le sentier, me bloquant le passage. Je m'arrête. Il fait si sombre maintenant que je ne discerne pas ses traits. Mais je sais qui il est. J'ai reconnu son visage large et son expression de défi, sa façon de dresser le menton et de rejeter les épaules en arrière.

– Tu es un fantôme ?

Il ne dit rien. Il reste là, simplement, telle une statue. Je m'approche. Je vois ses yeux, deux morceaux de charbon noirs qui pénètrent en moi. Mais j'y perçois une étincelle, comme s'il venait d'entendre une bonne plaisanterie. Son visage est doux, comme un visage de petit enfant. Comme celui du petit garçon qui dansait sur le chemin. Pourquoi n'est-il pas en colère ? Il devrait être en colère !

– Je suis désolé, lui dis-je. Je suis désolé de ne pas avoir parlé... des bretelles. Je suis désolé de t'avoir laissé là-bas, dans cette clairière, seul.

Je suis bouleversé, je pleure.

– Je suis désolé pour ta maman !

Il parle enfin :

– George Gillies, qu'est-ce que tu baragouines ?

Je suis désorienté. Je plisse les paupières. Une seconde plus tôt, j'aurais juré que Louie Sam se tenait devant moi, mais c'est Pete Harkness.

– Je t'ai attendu pendant des heures, dit-il.

Il s'approche en brandissant une lanterne, l'inquiétude apparaît sur son visage quand il me voit.

– George ? Qu'est-ce qui t'est arrivé ?

Je vais m'évanouir.

– Je suis désolé, dis-je.

Apparemment, ce sont les seules paroles que je peux prononcer pour le moment.

Chapitre dix-huit

Pete me traîne autant qu'il me porte jusqu'à la rivière, tout en nous éclairant avec sa lanterne. Le vent s'est levé. Quand enfin nous atteignons le bac, les nuages défilent devant la lune pleine et éclatante. Pete m'aide à monter à bord du chaland. Comme je suis parcouru de frissons, il déniche quelques vieux sacs de toile de jute pour me couvrir. À l'aide de sa perche, il nous éloigne de la rive. C'est à ce moment-là que ça me revient.

– La scie !

– Quelle scie ?

– Celle de mon père. Je l'ai oubliée. Il faut que je retourne la chercher.

J'essaye de me lever.

– Ne bouge pas ! s'écrie Pete. (Il pousse furieusement sur sa perche et le chaland prend de la vitesse.) Tu n'es pas en état de refaire tout ce chemin dans le noir.

– Il va me passer un savon.

– Et moi, mon père va m'en passer un en apprenant que j'ai pris le bac à cette heure !

– Pourquoi tu fais ça ?

– Tu m'as dit que tu allais revenir et tu n'es pas revenu.

Il m'a fallu tout ce temps pour comprendre que Pete aurait pu me laisser seul sur l'autre rive toute la nuit. Au lieu de cela, il est parti à ma rencontre sur la piste du télégraphe. Malgré tout, je suis encore trop remonté contre lui pour pouvoir le remercier. Alors, je dis :

– Il faut que je récupère cette scie.

– J'irai la chercher demain matin.

– Tu vas à l'école demain matin.

– Je louperai l'école, voilà tout, répond-il comme s'il s'adressait à un demeuré.

Je m'allonge sur des rouleaux de corde au fond du chaland. L'envie de dormir a repris le dessus.

– Ton père sera trop content de te voir vivant pour te flanquer une raclée, ajoute Pete pour calmer mon inquiétude, et je suis heureux de retrouver le Pete d'autrefois, celui qui était mon ami. Au fait, tes parents savent où tu es ?

– Ils savent où je suis allé, mais j'ai dit que je rentrais ce soir.

– Tu vas devoir passer la nuit chez nous. Tu rentreras chez toi demain matin, si tu es en état. Sinon, je les préviendrai.

– Pourquoi tu fais tout ça ?

– Quoi donc ?

– Pourquoi tu es gentil avec moi ?

– Tu crois que tu as le monopole de la bonté, George ?

– Je n'ai pas dit ça.

– On croirait pourtant. Tu fais comme si tu valais mieux que moi. D'ailleurs, vous êtes tous comme ça, les Gillies. Vous vous croyez supérieurs.

Ça, c'est trop fort ! Je repense à la nuit où Louie Sam est mort, quand Pete et son père faisaient les importants et distribuaient les ordres. N'hésitant pas à humilier mon père devant toute la ville.

– J'ai l'impression que tu inverses les rôles, Pete.

– Pourquoi tu dis ça ?

– C'est toi qui m'as traité de…

Je n'arrive pas à prononcer ce mot. Pete, lui, n'a pas ce problème.

– D'amoureux des Indiens ? Y a que la vérité qui blesse.

Comme je ne réponds rien, il ajoute :

– Je vois que tu ne nies pas.

Le père de Pete ne semble pas très content de nous voir l'un et l'autre quand Pete m'aide enfin à atteindre la porte de leur maison. Il avait raison sur un point, au moins : M. Harkness est furieux que son fils ait utilisé le bac pour traverser la rivière à la nuit tombée. Quand Pete lui explique qu'il craignait qu'il me soit arrivé quelque chose, j'ai le sentiment que, pour Dave Harkness, ma vie ne mérite pas que l'on risque son chaland.

Heureusement, Mme Bell le calme. Elle demande à Jimmy d'aller chercher du beurre pour soigner ma brûlure à la main droite, qui s'est mise à m'élancer violemment, et à Pete de nous servir à tous les deux un bol de ragoût qui mijote dans la casserole sur la cuisinière. Elle m'aide à ôter ma veste et ma chemise pour examiner ma blessure. Quand elle palpe mon bras gauche, je tressaille.

– C'est une fracture, aucun doute, déclare-t-elle avec son accent australien. Il faut aller voir le Dr Thompson pour qu'il te mette un plâtre.

– Ça peut attendre demain matin, déclare M. Harkness.

Elle ne le contredit pas, mais va chercher quelques torchons qu'elle noue pour que je puisse porter mon bras en écharpe. Après m'avoir fait asseoir à table, elle prend le beurre apporté par Jimmy et m'en enduit la main droite. Pete dépose devant moi un bol de ragoût. Je meurs de faim, mais avec un bras en écharpe et l'autre main toute grasse, impossible de tenir une cuillère. Voyant mon embarras, Mme Bell sourit.

– Attends, je vais t'aider. (Elle prend la cuillère et me fait manger.) C'est bon ? demande-t-elle d'un ton moqueur. Bébé aime bien sa bouillie ?

Je suis saisi d'une bouffée de chaleur. Je crains de rougir. Mme Bell sourit en voyant l'effet qu'elle produit sur moi.

– Oui, je crois que bébé aime ça ! dit-elle de sa voix chantante.

Elle me donne une autre cuillerée et cette fois, elle essuie la sauce qui coule sur mon menton, avec son doigt qu'elle lèche ensuite. Je ressens des picotements là où ce n'est pas bien, surtout quand ces picotements sont provoqués par la belle-mère de son copain. Je m'efforce de chasser les pensées honteuses qu'elle a fait naître en moi, en me concentrant sur la douleur qui enflamme mon bras. Je baisse la tête et prie pour qu'aucune des personnes présentes ne devine la nature de mes pensées.

Pete se lève de table en faisant racler sa chaise sur le plancher, ce qui a pour effet de briser le sort que m'a jeté Mme Bell.

– Il peut dormir en haut dans mon lit, dit-il. Je dormirai en bas.

Mme Bell le regarde droit dans les yeux, comme si quelque chose l'amusait.

– Ne t'inquiète pas, Pete, dit-elle. Je ne vais pas le manger.

– Il a laissé brûler le ragoût ! s'exclame soudain Jimmy d'une voix haut perchée.

Tous les regards se tournent vers la cuisinière et la grosse casserole en fonte qui fume. Mme Bell a traversé la pièce en une demi-seconde. Malgré sa petite taille, elle ne manque pas de force : elle agrippe la queue de la lourde casserole avec un torchon et la lance par terre, tout en maudissant Pete.

– Tu n'as pas pensé à ajouter de l'eau, imbécile ?

– C'est pas sa faute, maman, intervient Jimmy. Il est un peu demeuré.

Pete donne l'impression d'avoir envie d'écraser son poing sur le visage grassouillet et satisfait du garçon. Il rétorque, en s'adressant à Mme Bell :

– J'y suis pour rien ! Le ragoût était déjà brûlé. C'est mieux pour masquer le goût.

M. Harkness se précipite vers son fils et le gifle si violemment que Pete se retrouve à terre.

– Excuse-toi auprès de ta mère ! rugit-il.

Tout le monde reste muet pendant quelques secondes ; on dirait même que plus personne ne respire. Pete est toujours assis sur le sol après le coup infligé par son père. Il se relève lentement. Je ne l'ai jamais vu dans cet état : le visage rouge de colère, ruisselant de larmes.

– Tu peux aller au diable ! crache-t-il.

Il se tourne vers Mme Bell pour lui lancer un regard chargé de haine pure.

– Et elle aussi !

Il prend sa veste accrochée à une patère et sort dans la nuit en claquant la porte derrière lui. Assis à table, je me demande si je dois le suivre, mais Mme Bell me sourit et dit :

– La question est réglée, je crois. Tu dormiras donc dans le lit de Pete.

– Ôte ce sourire de ton visage, mon garçon, dit M. Harkness à Jimmy. Et ne traite plus jamais Pete d'idiot.

Jimmy frémit et se rapproche de sa mère. Celle-ci redresse le menton et adresse à M. Harkness un regard de mise en garde. S'il veut lever la main sur Jimmy, il faudra d'abord qu'il lui passe sur le corps. C'est la première fois que je vois M. Harkness battre en retraite.

Je m'interroge : où est allé Pete et va-t-il revenir ? J'aimerais être avec lui, n'importe où, sauf ici dans cette pièce où règne une ambiance écrasante.

– Si ça ne vous ennuie pas, je vais aller me coucher, dis-je. Merci pour le ragoût et l'écharpe.

Mme. Bell laisse échapper un petit rire.

– Tu es un peu prétentieux, Georgie, mais tu es un brave garçon.

Chapitre dix-neuf

Alors qu'un peu plus tôt je tombais littéralement de fatigue sur le chemin dans la forêt, j'ai l'impression maintenant que je ne réussirai jamais à trouver le sommeil à cause des élancements dans mon bras et ma main. Mais j'ai dû m'endormir à un moment car je me réveille dans le noir. Au début, je crois être dans mon lit à la maison, mais la douleur me rappelle ce qui s'est passé. La fenêtre à côté de ma tête est masquée par un rideau sous lequel filtre le clair de lune. Je parviens à me déplacer pour écarter le rideau afin de laisser entrer un peu plus de lumière. Jimmy dort dans l'autre lit et je me demande si Joe Hampton et son frère dormaient dans cette chambre quand Joe vivait ici, avant que son père se noie. Son père qui avait certainement construit cette maison. C'est une jolie chambre, avec une fenêtre et tout ça. Toute la maison est jolie, d'ailleurs, plus que la nôtre. Si elle a été construite par M. Hampton et si elle lui appartenait, je ne comprends pas pourquoi Agnes et ses fils n'y habitent plus.

J'entends des voix en bas, celles de Mme Bell et de M. Harkness, et je crois reconnaître la voix de M. Moultray également. Sait-il où est Pete ? Je me lève en silence et entrouvre la porte, juste assez pour sortir de la chambre sans réveiller Jimmy. Je sens le plancher froid à travers mes chaussettes en marchant jusqu'en haut de l'escalier. Là, je constate que j'avais raison : M. Moultray est dans le salon. On dirait qu'il lit le journal à voix haute :

D'après l'agent indien Patrick McTiernan qui a assisté à la réunion, les chefs indiens tiennent William Osterman, un habitant de Nooksack, pour responsable du meurtre qui a valu à Louie Sam d'être lynché dans la nuit du 28 février.

Les chefs estiment que M. Osterman, télégraphiste, a fait venir Louie Sam à Nooksack sous prétexte de l'engager pour réparer la ligne du télégraphe. Il a conduit le jeune Indien à proximité de la maison de James Bell, l'homme assassiné, et c'est là qu'il a changé d'avis et lui a demandé de « fiche le camp ».

Selon les chefs, M. Osterman s'est ensuite rendu seul chez la victime où il a commis son crime avant de s'enfuir en supposant, à juste titre, que des gens qui apercevraient Louie Sam dans les parages l'accuseraient du meurtre.

J'ai le cœur qui bat à tout rompre quand M. Moultray s'arrête de lire. Les chefs indiens ont-ils raison ? Se peut-il que M. Osterman soit le meurtrier ? Quelle raison avait-il de souhaiter la mort de M. Bell ? Je me demande pourquoi personne ne dit rien en bas. Finalement, M. Moultray reprend la parole :

– Vous comprenez ce que ça sous-entend, n'est ce pas ? Les gens racontent que Jim Bell projetait de vous attaquer en justice.

– Jim Bell avait l'esprit dérangé ! répond Mme Bell. Il racontait aux gens un tas de choses fausses, la plupart me concernant d'ailleurs.

Mais apparemment, la question de M. Moultray était destinée à M. Harkness.

– Dave, reprend-il, tout le monde sait que Bill Osterman est votre beau-frère et votre ami. Me cachez-vous des choses ? Bill n'a rien à voir dans cette histoire, hein ?

– Écoutez ce que vous dit Annette, répond M. Harkness. Tout ça, c'est des mensonges. Ces satanés Peaux-Rouges cherchent un prétexte pour nous massacrer dans notre sommeil, voilà tout.

– Répondez à ma question, nom d'un chien ! Le gouverneur a donné ordre de nous retrouver. Pas plus tard qu'aujourd'hui, un rouquin nommé Clark est venu fouiner au magasin. Il a posé un tas de questions : qui dirigeait la troupe ; ce que je pensais du lynchage…

– Que lui avez-vous dit ?

– Le moins de choses possible, ce qui en soit revenait à avouer que j'étais présent.

M. Moultray marque une pause avant de demander :

– Louie Sam a-t-il tué Jim Bell, oui ou non ?

– Pourquoi nous demander ça à nous ? répond Mme Bell.

– Parce que je commence à croire que vous en savez plus que vous le dites. Si nous avons pendu un innocent, cela pourrait provoquer une véritable guerre indienne.

– Nous avons fait ce qu'il fallait, déclare M. Harkness. Et ne vous inquiétez pas pour la guerre indienne. Si ces sales voleurs de Peaux-Rouges font des histoires, les gens viendront même de Seattle pour tuer tous ceux qu'ils peuvent trouver. Ils n'attendent que ça.

– C'est moi qui ai serré la corde, bon sang ! s'exclame M. Moultray.

Mon esprit me ramène dans la clairière cette nuit-là. Je revois l'air surpris de M. Moultray quand Louie Sam l'a reconnu et a prononcé son nom. J'entends claquer sa main sur la croupe du cheval pour le faire galoper. Je vois Louie Sam se balancer dans le vide en agitant les jambes, luttant jusqu'au bout.

Mme Bell reprend la parole :

– En effet, Bill, c'est vous. Ne l'oubliez pas. Vous avez une réputation à défendre dans cette ville. Vous avez des ambitions. Que va devenir votre carrière politique si on vous arrête ?

– Ma question était destinée à Dave, je vous remercie, Annette. Et il n'y a toujours pas répondu. Alors, Dave, Bill Osterman ou vous avez-vous un lien quelconque avec la mort de Jim Bell ?

C'est encore Mme Bell qui répond et sa voix ressemble à un serpent qui crache, prêt à frapper.

– Vous ne devez vous préoccuper que d'une seule chose : la fermer.

– Je considère cette réponse comme un oui.

D'un ton chargé d'émotion, M. Moultray ajoute :

– Nous avons tué un jeune garçon innocent.

– Bon sang ! s'emporte M. Harkness. Ce n'était qu'un Indien !

De retour dans le lit de Pete, je ne me rendors pas. Comment le pourrais-je, alors que se bousculent dans ma tête les paroles que je viens d'entendre et les souvenirs de cette nuit-là, dans la clairière ?

Dès les premières lueurs du jour, je me lève et récupère mes bottes. Dans le lit voisin, Jimmy ronfle doucement, la bouche grande ouverte. Avec mon bras cassé et ma brûlure, pas facile de les porter, je parviens malgré tout à descendre l'escalier sans réveiller personne. Ma veste est suspendue à la patère près de la porte. Je peux juste la poser sur mes épaules comme un châle. Une fois dehors, j'enfile mes bottes, sans réussir à les lacer. Il fait froid, mais même si j'avais un moyen de mettre mes mitaines, ma main droite est enflée et suppurante, encore toute grasse du beurre étalé par Mme Bell. Alors, je la glisse sous ma veste et prends le chemin qui descend vers la rivière.

Je suis tellement soulagé d'avoir quitté cette maison que je me sens léger, heureux, malgré la douleur dans mon bras, et malgré les secrets que j'ai surpris. Pourquoi les chefs sumas pensent-ils que M. Osterman a tué M. Bell ? Je me souviens du matin où nous avons découvert M. Bell mort dans sa maison. Puis M. Osterman est apparu, en expliquant qu'il inspectait la ligne télégraphique. Et s'il avait menti ? Se trouvait-il dans les parages parce qu'il venait de tuer M. Bell et d'incendier sa maison ? Père a-t-il raison à son sujet ? Est-ce un menteur et un meurtrier qui veut se faire passer pour un honnête citoyen ? M. Moultray semblait avoir des doutes, lui aussi.

Je frémis en m'imaginant face à M. Osterman pour lui réclamer ma paie, mais je n'ai pas le choix. J'ai promis à Mme Thompson de payer le médicament de Teddy aujourd'hui. Et puis, je vais devoir payer M. Thompson pour qu'il me plâtre le bras. Ma joie s'est envolée. J'ai envie de vomir maintenant.

J'atteins l'écurie de louage de M. Moultray, à l'extrémité du chemin qui part de l'embarcadère du bac. Il est si tôt que Jack Simpson lui-même n'est pas encore levé. Quelque chose me dit que Pete se trouve peut-être à l'intérieur. Personnellement, c'est là que j'irais me réfugier pour la nuit. Les chevaux s'agitent dans leurs stalles quand j'entre, persuadés que j'apporte le petit déjeuner.

– Pete ? dis-je tout bas.

Je ne sais pas pourquoi je chuchote. Sans doute que tous ces secrets m'ont mis les nerfs à vif.

– Pete ?

– Là.

Je suis le son de sa voix jusqu'à une stalle vide dans laquelle il s'est confectionné un lit avec de la paille et une couverture. Je l'ai réveillé. Il est grincheux.

– Qu'est-ce que tu fous debout à cette heure ?

– Je vais en ville.

– Pour voir le Dr Thompson ?

– Pour aller réclamer mon argent à ton oncle.

Pete émet un grognement.

– Monsieur Moultray est venu chez vous hier soir.

– Qu'est-ce qu'il voulait ?

– Savoir si ce que disent les Sumas est vrai ; que c'est ton oncle qui a tué monsieur Bell.

Si, hier, j'avais accusé un membre de sa famille d'être un meurtrier, Pete m'aurait flanqué une raclée. Ce matin, je lis de la confusion sur son visage.

– Qui s'intéresse à ce que racontent les Sumas ? marmonne-t-il.

– Monsieur Moultray, apparemment. Il a demandé à ton père, de but en blanc, si à sa connaissance Bill Osterman avait assassiné monsieur Bell.

Cette fois, Pete ne dit rien.

– Et ton père n'a pas démenti.

Lorsque son regard croise le mien, je vois combien il a peur.

– Qu'est-ce que tu sais, Pete ?

L'instant est passé. J'ai été trop pressant. Il roule sur le côté en me tournant le dos et remonte la couverture sur ses épaules.

– Il est trop tôt pour parler de ça.

Et voilà : je ne pourrai rien lui soutirer de plus. Néanmoins, pensant que cela pourra peut-être le réconforter, j'ajoute :

– Après ton départ, ton père a interdit à Jimmy de dire du mal de toi.

Pas de réaction. Comme il a le dos tourné, j'ignore s'il dort ou s'il réfléchit. Finalement, il dit :

– Je pourrai pas aller chercher ta scie. Je peux pas traverser la rivière. Pas question d'approcher de mon père aujourd'hui.

– C'est pas grave. Merci quand même.

– À plus tard, George.

– À plus tard, Pete.

Je ressors de l'écurie. Une fois encore je suis heureux de me retrouver à l'air libre, loin de cette impression d'étouffer que je ressens en présence des Harkness, père et fils.

Chapitre vingt

Il est encore tôt quand j'arrive en ville et tous les commerces sont fermés, y compris la pharmacie du Dr Thompson. Je pénètre dans le hall du Nooksack Hotel, en supposant que le bureau du télégraphe est certainement fermé lui aussi, et j'ai raison. Avant-hier, je n'ai pas osé demander à M. Hopkins si je pouvais attendre dans le hall, mais aujourd'hui, à cause de la douleur dans mon bras, je m'en fiche. J'avise un banc en bois près de la porte. Je m'y assois en songeant que M. Hopkins ne pourra pas me le reprocher, comme si je m'étais assis dans ses beaux fauteuils en tapisserie avec mes vêtements sales. Malgré cela, il m'observe de derrière son comptoir.

– Le bureau du télégraphe n'ouvre qu'à neuf heures, me lance-t-il.

– Je vais attendre, merci.

Je ne suis pas là depuis cinq minutes lorsque je vois le rouquin, le dénommé Clark, descendre l'escalier en colimaçon. Sans doute dois-je le dévisager sans m'en rendre compte car son regard s'arrête sur moi. Je tourne la tête, mais pas assez vite. Il marche dans ma direction d'un pas tranquille et s'assoit à l'autre bout du banc dans le hall de l'hôtel, désert à cette heure.

– C'est bien toi que j'ai vu ici l'autre jour, non ? demande-t-il avec un accent sans doute irlandais. Tu disais que tu travaillais pour monsieur Osterman.

– Oui, monsieur.

Quelque chose chez cet homme me met mal à l'aise. Je regarde droit devant moi pour bien lui montrer que je n'ai pas envie de parler. Mais cela ne l'arrête pas.

– Tu me parais bien jeune pour être télégraphiste.

Je ne réponds pas. D'un mouvement de tête, il montre mon bras en écharpe.

– C'est un travail dangereux, on dirait. Pourquoi monsieur Osterman t'a-t-il engagé ?

– Pour examiner la ligne.

– Sacré travail.

– Oui, monsieur.

– C'est comme ça que tu t'es blessé ?

– Oui, monsieur.

M. Moultray a raison : cet homme pose un tas de questions. Du coin de l'œil, je vois que M. Hopkins nous observe. Il semble très nerveux.

– Depuis combien de temps travailles-tu pour monsieur Osterman ? poursuit le rouquin. Je te demande ça car j'ai entendu dire qu'il voulait engager un autre garçon, il y a une ou deux semaines.

– Je ne sais pas.

Je mens. Je sais, évidemment, que Louie Sam espérait être engagé par M. Osterman, mais M. Moultray nous avait interdit de parler de Louie Sam et le regard de M. Hopkins, là-bas derrière son comptoir, m'incite à la prudence.

Malgré cela, M. Clark ne renonce toujours pas.

– Tu ne sais pas depuis combien de temps tu travailles pour monsieur Osterman ou bien tu ne sais pas pour cet autre garçon ?

– Pour l'autre garçon.

Il sort de sa poche une blague à tabac et coince un morceau de chique dans sa bouche. Le tabac forme une boule qui déforme sa joue. Je devine qu'il a l'intention de rester assis là un long moment.

– Ce garçon a connu un triste sort, ajoute-t-il. Je suis sûr que tu le sais.

Je ne réponds pas. Alors, il enchaîne :

– J'ai entendu dire que deux jeunes garçons blancs à peu près de son âge se sont rendus au Canada avec la troupe qui l'a lynché. Tu sais peut-être qui c'est ? Je te demande ça car les garçons de cet âge ne sont pas si nombreux à Nooksack et je suppose que vous allez tous dans la même école. De plus, je suppose que deux garçons qui participent à une telle aventure ont forcément envie de s'en vanter le lendemain. As-tu entendu ce genre de fanfaronnades dans la cour ?

– Non.

Je me lève. Il faut que je m'éloigne de cet homme.

– Tu es George Gillies, n'est-ce pas ? (Je me fige.) J'ai parlé à ton père, hier. Il m'a expliqué que tu étais parti aider monsieur Osterman.

Il me fait un grand sourire, comme si j'étais censé voir en lui un ami.

– Tu n'as aucune raison d'avoir peur, George. J'essaye juste de découvrir ce qui s'est passé cette nuit-là.

– Pourquoi vous voulez le savoir ? Vous êtes qui, d'abord ?

– Je m'appelle Arthur Clark. J'ai été envoyé ici par le gouvernement du dominion pour enquêter sur le lynchage.

– Je ne sais rien du tout.

Je suis un menteur et un lâche, mais je ne veux pas aller en prison. Hélas, on dirait que M. Clark lit dans mes pensées.

– Comprends bien une chose, George : les seules personnes qui auront des comptes à rendre à la justice sont celles qui ont mené le groupe d'autodéfense. En revanche, si un garçon se trouvait là presque par hasard, il peut soulager sa conscience en faisant tout pour que justice soit rendue à ce jeune Indien assassiné.

Dois-je lui faire confiance ? Je reste planté là comme un imbécile, sans réussir à me décider. Peut-être que Pete Harkness et moi, on ne risque rien, mais mon père ? Sera-t-il considéré comme un meneur ? Il pourrait être arrêté. M. Clark sent que je faiblis.

– J'ai parlé avec un ami à toi hier, George. Pete Harkness.

Première nouvelle. Pourquoi Pete ne m'a-t-il pas dit que M. Clark l'avait interrogé ?

– Il m'a raconté qu'il avait rencontré Louie Sam sur la route de Lynden. Il a une façon très imagée de décrire le jeune Indien. Il le rend presque terrifiant. Sacrée histoire.

Je n'aime pas la tournure que prend cette discussion.

– Pete t'a-t-il parlé de ça en privé ? demande l'envoyé du gouvernement canadien. A-t-il laissé entendre que quelqu'un aurait pu lui suggérer de déclarer qu'il avait vu Louie Sam ? Et de le décrire d'une certaine façon, pour laisser penser qu'il venait de tuer monsieur Bell ? Quelqu'un comme son oncle, monsieur Osterman, par exemple ?

Plus aucun doute, cet homme lit dans les pensées !

– Il faut que je m'en aille, dis-je.

– Tu sais quoi, George ? Je vais rester ici encore quelques jours. Si jamais tu repenses à quelque chose qui pourrait m'aider, tu sais où me trouver. D'accord ?

Quand on parle du diable… Voilà que M. Osterman entre dans l'hôtel à cet instant. Il nous regarde, M. Clark et moi, et visiblement, il n'est pas très content de nous trouver en pleine conversation. J'ai envie de lui jurer que je n'ai rien dit du tout. Jamais je n'ai eu aussi peur de quelqu'un.

– Qu'est-il arrivé à ton bras, George ? demande-t-il.

– Je suis tombé. Au niveau du poteau cinquante et un. Le câble pendait, j'ai essayé de le remettre.

M. Clark intervient :

– On dirait que vous avez confié un travail d'homme à ce garçon, monsieur Osterman.

– Je crois vous avoir indiqué hier que je n'avais rien de plus à vous dire, monsieur Clark.

Celui-ci sourit aimablement.

– Aucune loi ne m'interdit de parler avec George, n'est-ce pas ?

Il n'y a pas une seule trace d'humour dans la voix de M. Osterman quand il répond :

– À votre place, je ne parlerais pas autant. Vous pourriez attraper un mal de gorge.

M. Clark ne sourit plus.

– Vous me menacez ?

– Considérez cela comme un bon conseil, simplement.

M. Clark mâchonne sa chique, puis se lève lentement, avec l'air de celui qui a toute la vie devant lui. Il crache un jet de jus marron dans le crachoir en cuivre, par terre dans le coin. Il se retourne ensuite vers M. Osterman, comme s'il venait de trouver une réponse.

– Dans ce cas, dit-il, je suppose que je dois vous remercier ?

– Mêlez-vous de vos affaires, monsieur Clark.

– Un crime a été commis sur le territoire canadien, monsieur Osterman. Le gouvernement du dominion bénéficie de l'aide de votre gouvernement pour élucider les circonstances de ce drame. Par conséquent, je m'occupe de mes affaires.

Sur ce, il se dirige vers la porte. Pendant que M. Osterman me toise.

– Que lui as-tu dit ?

– Rien.

– Continue comme ça.

Il déverrouille la porte de son bureau et entre. Je le suis.

– Monsieur Osterman ?

– Quoi ? aboie-t-il.

– J'ai besoin de ma paie, pour hier.

– Tu étais censé travailler toute la journée, mais tu t'es arrêté au poteau cinquante et un.

Ne voit-il pas que j'ai le bras en écharpe et que je souffre ?

– Je me suis blessé.

– À cause de ta bêtise. Personne ne t'a demandé de grimper aux poteaux.

– Vous m'avez demandé de les réparer. C'est ce que j'essayais de faire.

Il remarque la brûlure à ma main droite.

– Et là, que t'est-il arrivé ?

– J'ai voulu remettre le câble sur l'isolateur.

– Tu ne sais donc pas qu'il est électrifié ? Encore une chance que tu n'aies pas provoqué la chute de toute la ligne.

Il essaye de me faire passer pour un ignorant et de m'humilier, mais je n'éprouve que de la colère.

– Comment je pouvais le savoir ? Vous ne me l'avez pas dit.

– Ne me tiens pas tête, mon garçon !

Il sort de sa poche une poignée de monnaie dans laquelle il pioche trois pièces de vingt-cinq cents. Et il me les lance. Impossible de les rattraper avec mes blessures.

– Voilà, dit-il. Maintenant, fiche-moi le camp !

Les pièces rebondissent sur le sol et s'éparpillent. La colère et la honte me consument lorsque je m'agenouille pour les ramasser.

– Ce n'est que la moitié de ce que vous me devez.

– Tu as fait la moitié d'une journée de travail. Tu es payé en conséquence.

– Mais…

– Dehors ! rugit-il. Et que je ne te revoie plus par ici !

M. Osterman est un sale type, cela ne fait plus aucun doute. Mon premier réflexe est d'aller trouver M. Clark pour lui dire tout ce que je sais. Je sors de l'hôtel et scrute la rue pour essayer de l'apercevoir. Mais mon regard se pose sur la seule personne que je crains davantage que M. Osterman à cet instant : je vois mon père sortir de la pharmacie avec le Dr Thompson.

Chapitre vingt et un

Père m'a vu, lui aussi. Impossible d'échapper à ce qui va suivre. Abandonnant le Dr Thompson sur les planches du trottoir, il traverse la rue boueuse à grandes enjambées, dans ma direction. Son visage est un masque de fureur. D'une voix retentissante, il me lance :

– George, où étais-tu passé, nom d'un chien ? Ta mère est folle d'inquiétude !

– J'ai passé la nuit chez les Harkness.

– Qu'as-tu fait à ton bras ?

– Il est cassé. Je suis tombé.

Les larmes que je retenais depuis un long moment jaillissent à cet instant et je me mets à pleurer comme un petit enfant qui a la morve au nez.

– J'ai perdu ta scie. Je suis désolé !

– Ma scie ?

Père me regarde d'un air hébété ; il essaye de comprendre ce que je lui dis. Il paraît fatigué, à bout, comme si c'était la goutte d'eau qui fait déborder le vase. Il saisit ma main droite dans la sienne pour examiner la brûlure.

– Et ça ?

– J'ai été brûlé par l'électricité du câble.

– Qu'est-ce qui t'a pris d'y toucher ? Maman ne t'a pas demandé d'être prudent ?

– Je ne savais pas !

Soudain, j'éprouve le besoin de tout avouer.

– Je n'ai gagné que soixante-quinze cents, dis-je en me mouchant dans ma manche. La moitié de ce que me doit monsieur Osterman. Mais il m'a dit de ne plus revenir.

La mâchoire de Père se crispe.

– Ah oui ? (Il regarde en direction du bureau du télégraphe.) Attends-moi ici, ordonne-t-il, et il entre dans l'hôtel.

Je le suis à l'intérieur, malgré son ordre. J'atteins la porte du bureau juste à temps pour le voir arracher M. Osterman à son fauteuil en le tirant par les revers de sa veste.

– Payez à ce garçon ce que vous lui devez, espèce de salopard !

M. Osterman est plus jeune et plus robuste que Père, mais celui-ci a l'air féroce. Je mentirais en disant que je ne suis pas ravi de voir M. Osterman trembler, mais je suis surtout étonné de voir Père s'emporter à ce point pour si peu.

– Du calme, dit M. Osterman.

– Vous envoyez un gamin s'occuper de la ligne du télégraphe sans la moindre formation ? Vous espériez qu'il se fasse tuer ? C'est ça ? Un deuxième jeune garçon tué ?

M. Hopkins me bouscule pour entrer dans le bureau.

– Arrêtez ! Vous voulez que cet inspecteur vous entende ?

M. Hopkins est un avorton, Père pourrait aisément s'en débarrasser, mais il refuse de se battre. Sa fureur s'est envolée. Il se contente de jeter un regard haineux à M. Osterman.

– Il serait temps que quelqu'un vous tienne tête.

– N'essayez pas de faire croire que vous valez mieux que tout le monde, vous autre les Gillies, rétorque M. Osterman. Nous étions tous présents. Et nous étions tous d'accord.

M. Hopkins intervient :

– Nous avons fait ce qui devait être fait.

J'ai envie de crier qu'il se trompe, que Louie Sam n'a pas tué M. Bell, que le véritable meurtrier se trouve devant nous. Mais le courage me manque.

– Le choix est simple, reprend M. Osterman. On fait face tous ensemble ou on chute séparément.

Cet argument semble provoquer l'hésitation de Père. En se retournant, il me découvre sur le seuil. Il a le même regard que ce soir-là, quand il m'a interdit de parler des bretelles. Sur le moment, je n'avais pas su nommer ce sentiment, mais maintenant je sais : c'est de la honte. Mon père a honte. Et si je redoute parfois son mauvais caractère, je trouve encore plus effrayant de le voir rabaissé. J'ai besoin qu'il soit fort. J'ai besoin qu'il ait raison, comme quand il affirmait que nous aurions une vie meilleure en Amérique, qu'il serait son propre maître, et nous aussi après lui.

M. Osterman cherche des pièces de monnaie dans son pantalon pour payer le reste de ce qu'il me doit. Il ouvre ma poche de veste et les dépose à l'intérieur.

– Allez, tiens, dit-il. Et fichez-moi le camp tous les deux.

M. Hopkins regagne son comptoir, sans rien ajouter. Père et moi quittons le bureau du télégraphe comme deux chiens chassés à coups de pied. Quand nous nous retrouvons devant l'hôtel, je lui dis :

– Tout le monde n'est pas du côté de M. Osterman. Abigail Stevens dit que son père trouve que tu avais raison.

– Raison de quoi ?

– De vouloir remettre Louie Sam à la justice canadienne.

– Tu ne dois pas parler de ça.

– Comment ne pas en parler ?

– Tais-toi, George.

C'est seulement quand nous traversons la rue que je découvre Mae, et seulement elle, attelée à notre chariot. L'absence d'Ulysse ne peut signifier qu'une seule chose : Père était pressé de se rendre en ville. Le Dr Thompson est assis sur la banquette du chariot, sa trousse de médecin posée sur les genoux. Il est furieux d'avoir attendu.

– Je croyais que c'était une urgence, ironise-t-il.

– Toutes mes excuses, docteur, dit Père.

– C'est Teddy ? je demande.

– Oui.

Il n'en dit pas plus, mais je devine que c'est grave s'il est venu chercher le Dr Thompson. Il grimpe à côté de celui-ci et prend les rênes, pendant que je me hisse sur le plateau à l'arrière.

– Il semblerait que vous ayez un deuxième patient, fait remarquer Père.

Le Dr Thompson pivote pour me regarder, mais son ventre imposant rend l'opération difficile.

– Rien de grave, lui dis-je. J'ai votre argent.

– Quel argent ?

– Celui qu'on vous doit pour les médicaments.

Je palpe les pièces de monnaie dans ma poche de veste, du bout des doigts. Père fait claquer les rênes sur l'arrière-train de Mae. La secousse du chariot réveille la douleur de mon bras cassé et je ne peux retenir un petit cri de douleur.

– Une fracture, je parie, déclare le Dr Thompson. Arrêtez-vous. Il faut que j'aille prendre du plâtre à la pharmacie.

– Le bébé a plus besoin de vous, répond Père. Il est brûlant.

Ainsi, la fièvre de Teddy est revenue. Maman doit être folle d'inquiétude. Père oblige Mae à avancer à vive allure, le chariot tangue et la douleur irradie dans mon bras au rythme des sabots qui frappent le sol. Mais je me dis que c'est ma pénitence, pour ma lâcheté, pour la honte que Père et moi avons fait peser sur nous. J'adresse une prière muette à Dieu en lui promettant, s'il sauve Teddy, d'aller voir Clark le rouquin pour lui parler de tout le mal causé par Bill Osterman.

Mae écume lorsque nous atteignons le chemin qui mène à notre maison. Gypsy vient à notre rencontre en donnant de la voix, mais à part ses aboiements, tout est silencieux quand Père arrête le chariot. Aucun cri de bébé malade. Nul ne dit rien, mais je suis sûr que nous craignons tous que Teddy ait cessé de respirer. Will, qui nous a entendus arriver, sort de la maison.

– John s'est enfui ! s'exclame-t-il impatient de livrer la nouvelle. Il est parti chercher Agnes, alors que maman ne voulait pas ; elle disait que le médecin devait venir.

Père n'est pas content, mais je me dis que ça ne peut pas faire de mal d'aller chercher Agnes. Après tout, c'est elle qui a mis Teddy au monde. Non sans mal, le Dr Thompson glisse vers l'extrémité de la banquette pour poser les deux pieds à terre.

– Où est le patient ? demande-t-il.

Maman a allongé Teddy dans une bassine d'eau, posée sur la table, pour essayer de faire baisser la fièvre. Quand elle me voit entrer derrière le Dr Thompson et Père, son regard s'éclaire et, l'espace d'un court instant, l'inquiétude quitte son visage. Puis la colère prend le dessus sur le soulagement.

– Je m'occuperai de toi plus tard, promet-elle.

Elle sort le bébé de l'eau et l'enveloppe dans une couverture. Tout le monde peut voir combien il est maigre et inerte ; on a l'impression que vivre ne l'intéresse pas.

– Seigneur, dit le Dr Thompson. Vous ne nourrissez donc pas cet enfant ?

– Quand j'essaye de lui donner le sein, il s'endort après avoir bu un dé à coudre, explique maman. J'ai essayé le lait de vache, il n'en veut pas non plus. Mais je lui fais prendre son médicament, trois fois par jour, comme vous l'avez dit.

– Laissez-moi l'examiner.

Maman allonge délicatement le bébé sur la table et recule pour laisser la place au médecin. Celui-ci pose sa trousse sur une chaise et en sort son instrument en bois qui sert à ausculter. Il s'adresse à maman :

– Démaillotez l'enfant, je vous prie.

Maman retire la couverture. Le Dr Thompson applique l'extrémité du tube sur la minuscule poitrine de Teddy et colle son oreille à l'autre bout. Il écoute pendant un temps qui paraît long, très long, tandis que Père, maman, Will, Annie, Isabel et moi le regardons froncer les sourcils et grimacer. Teddy s'agite un peu, il n'aime pas être ausculté. Enfin, le Dr Thompson se relève. Il n'ose pas regarder maman. Quand il se retourne, nous voyons sur son visage qu'il n'y a plus d'espoir. Maman vacille ; elle doit se retenir à une chaise. Père la rejoint pour lui prendre le coude.

– Ses poumons sont très faibles, explique le médecin. Pour une raison quelconque, ce bébé n'a pas réussi à se développer. Je suis désolé. On ne peut plus rien faire.

Chapitre vingt-deux

Maman ne pleure pas, mais je sais qu'intérieurement, elle en a envie. Elle emmaillote le petit Teddy dans la couverture et le serre contre son sein. D'une voix faible, elle parvient à articuler :

– Mais le médicament…

– Désolé, dit le Dr Thompson. Vous avez trop attendu Peut-être que si vous me l'aviez amené plus tôt.

Je ne supporte pas de l'entendre dire que maman est responsable de ce qui arrive à Teddy. C'est plus fort que moi, il faut que j'intervienne :

– Nous l'avons amené il y a quinze jours. Vous ne vous souvenez pas ? Vous disiez qu'il irait mieux grâce à ce médicament, mais en réalité, il est tombé encore plus malade.

– Tais-toi, dit Père, mais il n'y a aucune colère dans sa voix.

Je pense qu'il est peut-être d'accord avec moi.

– La médecine n'est pas une science exacte, maugrée le médecin. J'espérais que l'état du bébé s'améliorerait, évidemment, mais je n'ai jamais prétendu faire des miracles. Sur ce, ajoute-t-il en se tournant vers Père, si vous voulez bien me ramener en ville, j'ai d'autres patients à voir.

– Et le bras de George ? demande Père.

Le Dr Thompson me toise comme si j'étais une chiure de mouche.

– Gardez votre argent et posez-lui une attelle. Ce sera aussi efficace qu'un plâtre.

Il nous parle comme si les Gillies étaient une famille de pauvres. Ce qui a pour effet d'attiser ma colère.

– Will, dis-je. Glisse la main dans ma poche. Tu y trouveras six pièces de vingt-cinq cents.

Will s'exécute et sort l'argent.

– C'est pour vous, dis-je au médecin.

Will lui tend les pièces. Le Dr Thompson les soupèse comme pour vérifier qu'elles sont vraies. Il m'adresse un sourire forcé et dit :

– Merci, petit.

Il se tourne vers Père et ajoute :

– Je ne manquerai pas d'informer madame Thompson que vous avez réglé vos dettes. (Il salue maman d'un signe de tête.) Au revoir, madame Gillies. J'aurais aimé pouvoir vous donner de meilleures nouvelles.

Après le départ de Père et du Dr Thompson, maman s'assoit dans le rocking-chair. Elle berce Teddy en lui murmurant une chanson à l'oreille.

À l'autre bout de la pièce, Annie me demande :

– Dis, George, il va mourir, Teddy ?

– C'est Dieu qui en décidera, je réponds, suffisamment fort pour que maman m'entende. Le mieux que nous puissions faire, c'est de nous prendre en main pour que maman puisse s'occuper de lui.

– Ton bras te fait mal ?

– Oui. Il reste quelque chose pour le petit déjeuner ?

J'ai honte de penser à mon estomac dans un moment pareil, mais je n'ai pas mangé depuis la veille au soir et je meurs de faim. Du rocking-chair, maman lance :

– Annie, prépare une tartine de confiture pour George.

– Oui, maman.

– On s'occupera de ton bras une fois que tu auras mangé, ajoute-t-elle.

La petite Isabel en a assez de rester sage. Elle soulève l'ourlet de sa robe et se met à tournoyer à travers la pièce.

– Viens danser, Annie.

– Pas maintenant !

Annie est en train de me couper une tranche de pain et elle prend son ton autoritaire pour faire comprendre à Isabel qu'elle a des choses plus importantes à faire que de jouer avec elle. Isabel continue à danser malgré tout, en virevoltant de plus en plus vite pour avoir la tête qui tourne. Elle renverse une chaise, mais elle ne s'arrête pas.

– Assez, Isabel ! crie Annie.

– J’ai envie de danser, moi !

On devine qu’elle ne va pas tarder à se cogner la tête et se mettre à pleurer. En temps normal, maman ordonnerait à Isabel d’écouter sa grande sœur, mais elle se contente de la regarder fixement avec ses yeux brillants.

– Isabel !

Annie est furieuse qu’on ne lui obéisse pas. Elle agrippe la petite par le bras pour l’obliger à arrêter. Je vois Isabel prendre sa respiration pour pousser un cri de protestation. Habituellement, je ne me mêle pas à ce genre d’histoires, c’est un truc de femmes, mais je me surprends à dire :

– Je vais danser avec elle.

Le visage d’Isabel s’éclaire. Annie bat en retraite vers la planche à découper pour étaler de la confiture sur la tranche de pain. Je tends ma main brûlée, Isabel saisit mes doigts dans la sienne, si petite, et nous nous mettons à valser à travers la pièce. Je prends soin de coller mon bras cassé le long du corps.

– Tu danses bien, me dit Isabel.

Je m’incline pour la saluer en baissant les yeux sur son visage rondelet encadré de bouclettes.

– Merci infiniment, mademoiselle. Vous aussi.

Maman nous observe dans le rocking-chair, en souriant. Je lève le bras d’Isabel pour lui permettre d’exécuter une pirouette. C’est le terme qu’emploie maman quand ma petite sœur tourne sur elle-même. Will entre avec une brassée de bûches et me regarde comme si j’étais devenu fou, mais je m'en fiche. John arrive à ce moment-là, suivi d'Agnes. Celle-ci ne peut s'empêcher de rire en nous voyant danser, Isabel et moi.

– *To'ke-tie !* s'exclame-t-elle.

Puis son regard se pose sur Teddy et son sourire disparaît.

Agnes prend les choses en main et nous la laissons faire. Pour commencer, elle demande à Will, en utilisant un mélange de chinook et de quelques mots d'anglais, d'aller chercher de l'eau à la rivière et de la faire bouillir sur le poêle. Ensuite, elle sort de son sac brodé de perles un petit fagot d'herbes séchées qu'elle tend à Annie, visiblement perplexe.

– *Ee'-na bâton.* Infusion, explique l'Indienne. Pour *waum* malade.

Je sais que « bâton » est un terme général qui sert à désigne le « bois » en jargon chinook et en regardant de plus près le fagot séché, je reconnais des feuilles de saule. Quand à « *waum* malade », je devine de quoi il s'agit.

Agnes s'approche de maman pour lui prendre le bébé. On voit que maman rechigne à le lui donner, mais elle sait qu'Agnes est désormais le seul espoir de Teddy. L'Indienne le prend délicatement dans ses bras. Elle lui sourit et lui parle d'une voix douce, dans sa langue, puis déroule la couverture pour l'examiner. Nous ne la quittons pas des yeux, exactement comme avec le Dr Thompson moins d'une demi-heure plus tôt. Difficile de deviner ce qu'elle pense. Finalement, elle demande :

– *Ik-tah muck'-a-muck ? To-toosh ?*

Je suis choqué par son impudeur en la voyant plaquer sa main sur son sein, au cas où nous n'aurions pas compris.

– Lait ? demande-t-elle en anglais.

– Il n'a jamais faim, on dirait, répond maman. La plupart du temps, il refuse de manger. Et quand il tète, il vomit le lait.

Agnes est dubitative. Elle fait mime de porter de la nourriture à sa bouche.

– *Weght ?* Autre manger ? demande-t-elle en anglais.

John intervient :

– Elle veut savoir s'il a avalé quelque chose à part le lait.

Maman commence par secouer la tête, puis ça lui revient :

– Le médicament.

John va chercher le flacon du Dr Thompson sur l'étagère à côté du poêle. Agnes rend le bébé à maman et ôte le bouchon du flacon pour renifler le contenu. Elle plisse le nez d'un air dégoûté.

– Bébé *páht-lum* !

Personne ne comprend ce qu'elle veut dire.

Je demande :

– C'est quoi, *páht-lum* ?

Agnes exécute quelques pas de danse frénétiques en roulant des yeux. Je reste abasourdi. Maman est atterrée.

– Vous voulez dire que mon bébé est ivre ?

Agnes hoche la tête. Lentement et en articulant bien, comme si elle voulait nous apprendre un mot nouveau, elle dit :

– Laud-um... Laud-um.

Je suis perdu. Ce n'est pas un mot chinook que je connais. Mais maman, elle, a compris.

– Laudanum, dit-elle. Vous voulez dire qu'il y a du laudanum dans ce médicament ?

Agnes hoche la tête, en pensant que maman a compris où elle veut en venir, mais ce n'est pas le cas.

– Évidemment qu'il y a du laudanum, dit maman. C'est un médicament.

Agnes semble agacée que l'on ne comprenne pas. Elle se met à jacasser dans sa langue. Nous la regardons, puis nous nous regardons. Que le remède du Dr Thompson ne fasse aucun bien à Teddy, c'est entendu, mais est-elle en train de nous dire qu'il l'a rendu ivre ?

Intrigué, je demande :

– Quel est le problème du laudanum ?

Agnes penche la tête sur le côté et la pose sur ses mains jointes. En fermant les yeux.

– Bébé *moo'-sun*. Faire dormir.

Je vois une lueur de compréhension apparaître sur le visage de maman.

– Ce médicament l'endort ! Voilà pourquoi il ne pense pas à manger. Et pourquoi il ne grossit pas !

Agnes hoche la tête trois fois, soulagée de voir que les idiots que nous sommes ont enfin compris. Maman lui prend le flacon des mains, comme s'il s'agissait d'un poison, et le lance à John.

– Vide-moi ça dans la fosse d'aisances !

Elle serre Teddy dans ses bras, semblant penser qu'il ne risque rien tant qu'il se trouve dans ses bras.

Chapitre vingt-trois

Quand, en revenant à la maison, Père apprend ce qui s'est passé, il renvoie Agnes chez elle avec un sac de dix kilos de notre meilleure farine, porté par John. Avant de partir, l'Indienne explique à maman qu'elle doit laisser le bébé téter autant qu'il le souhaite un linge imbibé d'infusion de saule. Nous savons tous que le petit Teddy n'est pas encore tiré d'affaire, mais maintenant, au moins, nous avons un peu d'espoir.

Père a rapporté du plâtre de la pharmacie. Il charge Annie de découper des bandes dans de vieux sacs en toile de jute et demande à Will d'aller chercher une chaussette trouée dans le panier à couture de maman. Il en coupe le bout du pied et glisse le tube de laine ainsi obtenu autour de mon bras cassé. Pendant qu'il mélange le plâtre et l'eau, il me dit de m'asseoir à table et de plier le bras à angle droit, paume ouverte. Puis il trempe dans le plâtre les bandes de toile qu'il enroule ensuite autour de mon bras.

– Comment tu sais que c'est comme ça qu'il faut faire ? je demande.

– J'ai été fermier toute ma vie, alors je sais forcément soigner un bras cassé, répond-il en faisant semblant d'être froissé par ma question.

Le nouvel espoir pour le bébé le rend presque d'humeur joviale.

Il trempe une autre bande et la fait glisser entre ses doigts pour qu'il reste juste la bonne quantité de plâtre. Et il l'enroule autour de mon bras en partant de la précédente. Au moment même où je songe qu'il y a bien longtemps que je n'ai pas partagé un moment de silence aussi agréable avec mon père, il dit :

– Au sujet de la scie…

Je baisse la tête.

– Pourquoi tu ne m'as pas demandé si tu pouvais l'emprunter ?

Je suis obligé d'avouer la vérité.

– J'avais peur.

– Peur que je refuse ?

– Peur parce que… je pensais que tu ne voulais pas que je travaille pour monsieur Osterman.

Il hoche la tête et applique une autre bande de tissu enduite de plâtre.

– Je t'en achèterai une nouvelle, dis-je.

– Tu as dépensé tout ton argent pour payer le médecin.

– J'en gagnerai d'autre.

– Pas grâce à monsieur Osterman.

J'ai envie de lui confier ce que j'ai appris au sujet du télégraphiste et le rôle qu'il semble avoir joué dans le meurtre de M. Bell, mais maman et les petits sont là.

– Non, dis-je. Pas grâce à lui.

Après un long silence, il déclare :

– Disons que nous sommes quittes, d'accord ? La note du médecin contre la scie.

Je capte son regard. C'est un échange entre hommes. Je me sens bien tout à coup, beaucoup mieux que depuis ces quinze derniers jours. À voix basse, je demande :

– Sais-tu ce que disent les Sumas sur monsieur Osterman ?

– Oui.

– Tu y crois ?

Il prend son temps avant de répondre.

– Personne n'a de preuve. Aucun Blanc, en tout cas. Et en l'absence de preuve, il est intouchable.

Pendant que Père continue à appliquer des bandes de tissu sur mon bras, je réfléchis. Quelles preuves existe-t-il ? J'essaye de me remémorer chaque instant du matin où nous avons découvert le corps. Je me souviens que M. Osterman paraissait choqué en voyant le trou sanglant dans le crâne de M. Bell, mais peut-être jouait-il la comédie. Je me souviens qu'il a essayé de me persuader de raccompagner Annie à la maison, en disant qu'il attendrait l'arrivée du shérif. Comme je refusais, il m'a ordonné d'aller attendre au bord du chemin avec ma petite sœur. Combien de temps avons-nous attendu ?

Un quart d'heure ? Une demi-heure ? Suffisamment pour permettre à M. Osterman d'arranger l'intérieur de la maison à sa guise. Par ailleurs, c'est lui qui a suggéré de suivre la piste à travers le marécage, où nous avons trouvé les branches brisées, la boîte de conserve et les bretelles. A-t-il placé ces indices lui-même pour qu'on les découvre ?

Et quand je suis allé voir M. Osterman pour obtenir le travail qu'il avait voulu confier à Louie Sam, on aurait dit que ce projet lui était totalement sorti de la tête. Et en plus, il m'a envoyé inspecter l'autre extrémité de la ligne, à l'opposé de la portion qui a besoin prétendument d'être remise en état. Peut-être que les poteaux situés près de la maison de M. Bell n'ont jamais eu besoin d'être réparés ? A-t-il attiré Louie Sam à Nooksack en lui promettant un travail, alors qu'en réalité, il voulait juste donner l'impression que c'était le jeune Indien qui avait tué le vieil homme ? M. Osterman nous avait-il laissés croire, non, poussés à croire, que Louie Sam avait assassiné M. Bell afin de détourner les soupçons ?

Voilà les pensées qui se bousculent dans ma tête. Le temps que Père ait fini de me plâtrer le bras, je suis déterminé à tout faire pour que Bill Osterman rende des comptes à la justice.

Maman m'envoie au lit de bonne heure et je dors comme une souche. Je suis réveillé avant l'aube par les braillements de Teddy. C'est un bruit agréable. Le plâtre autour de mon bras est lourd et encore un peu humide, mais la douleur permanente s'est un peu atténuée. Après avoir enfilé mon pantalon d'une main, je sors de la chambre pour découvrir maman en train de marcher de long en large avec Teddy dans les bras. Il pousse des cris aigus en gesticulant. Maman semble épuisée. Je me demande depuis quand elle n'a pas fait une vraie nuit.

– Comment il va ? je demande.

– La fièvre est retombée.

Père sort de l'espace qu'il partage avec maman, derrière le rideau, en mettant ses bretelles.

– Il a faim ?

– Je l'ai nourri il y a moins d'une demi-heure !

Elle dépose le bébé dans les bras de Père. Teddy braille de plus belle en agitant ses petits bras. Père essaie de le calmer, mais il ne possède pas le savoir-faire de maman. Celle-ci s'assoit dans le rocking-chair et déboutonne son corsage. Toute pudeur a disparu ! Je tourne le dos pour ne pas voir ça. Et quelques secondes plus tard, Teddy ne pleure plus. Il n'y a plus que les bruits de succion de sa bouche qui tète.

– À croire qu'on ne lui a jamais donné le sein, commente Père.

– Oui, dit maman et j'entends le sourire dans sa voix. Il rattrape le temps perdu.

Chapitre vingt-quatre

Maman me rappelle que nous sommes mardi matin et qu'il y a école. Malgré mon bras cassé et les bouleversements à la maison, elle ne veut pas que John, Will, Annie et moi manquions encore un jour d'apprentissage. Je ne proteste pas. J'ai de bonnes raisons de vouloir me rendre à Nooksack, mais ce n'est pas pour que Mlle Carmichael me fasse réciter des sonnets de Shakespeare encore une fois. Je n'ai pas oublié qu'avant de voir Père devant le Nooksack Hotel hier matin, je m'apprêtais à aller trouver M. Clark, l'inspecteur envoyé par le gouvernement du dominion afin d'enquêter sur le lynchage de Louie Sam. Je me jure de le voir ce matin pour lui raconter tout ce que je sais.

Toutefois, je crains que M. Osterman cherche à se venger si je raconte à M. Clark ce qui s'est passé cette nuit-là. Je regrette de ne pas avoir exprimé les doutes qui me trottaient dans la tête la nuit où Louie Sam est mort. Je regrette de ne pas avoir parlé des bretelles.

Peut-être que certaines personnes présentes m'auraient écouté. Tout ce que je peux faire pour Louie Sam maintenant, c'est parler.

Alors que nous passons devant les restes calcinés de la maison de M. Bell sur le chemin de l'école, Will insiste pour qu'on presse le pas ou sinon, le fantôme du défunt va nous attraper par les chevilles et nous entraîner dans le marécage pour nous noyer.

– Arrête de raconter n'importe quoi ! s'emporte John.

– C'est la vérité ! affirme Will. Arthur Breckenridge raconte que Tom raccompagnait Mary Hecht chez elle après le bal vendredi soir, et soudain, au moment où ils passaient par ici, elle a été entraînée vers le marécage. Il a été obligé de la sauver.

– À mon avis, réplique John, Tom et Mary se sont fait prendre en train de se bécoter dans les fourrés et ils ont inventé cette histoire, c'est beaucoup plus probable.

– Surveillez votre langage devant Annie, les garçons, dis-je, soucieux de préserver l'innocence de ma sœur.

– Je sais ce que ça veut dire bécoter ! s'exclame Annie, vexée.

John sourit bêtement et rétorque :

– Alors peut-être que tu devrais l'expliquer à George, Annie. Abigail Stevens te remerciera.

Si je n'avais pas un bras cassé et une main brûlée, je filerais une beigne à John, si fort qu'il ne comprendrait même pas ce qui lui arrive. Au lieu de cela, je me contente de lui faire un croche-patte et il s'affale sur le chemin boueux. Il se relève d'un bond.

– Va te faire voir, George ! grogne-t-il, incitant Annie à se boucher les oreilles. Si tu n'étais pas estropié, je réglerais ça sur-le-champ.

– Ferme-la. Je n'ai pas de temps à perdre avec des enfantillages.

Pendant que John, furieux que je le traite d'enfant, me crie d'aller au diable, j'accélère le pas et marche seul en tête, accompagné par les injures de mon frère. Je n'ai aucune patience ce matin. Je pense à ce que je vais dire précisément à M. Clark quand je le verrai. Je sais ce qu'il veut : les noms de ceux qui ont conduit le groupe d'autodéfense de Nooksack sur la piste Whatcom, jusqu'au Canada. Je n'hésiterai pas à dénoncer M. Osterman. Je soupçonne Dave Harkness d'être impliqué également. Mais qu'en est-il de MM. Moultray, Breckenridge et Hopkins ? N'ont-ils pas été manipulés comme nous autres ?

J'ai la tête tellement pleine d'interrogations que je n'ai pas remarqué qu'Abigail m'attendait à la porte de la scierie des Stevens.

– George ! Qu'est-ce que tu t'es fait au bras ?

Je pourrais lui répondre que je me suis blessé en effectuant un travail important sur la ligne du télégraphe, mais je me surprends à dire, tout simplement :

– Je suis tombé d'un arbre.

– C'est complètement idiot.

Je finis par admirer la franchise d'Abigail, même si je suis généralement la principale victime de ce trait de caractère. Nous marchons ensemble vers l'école. Abigail tient ses livres de classe contre elle, comme pour se protéger.

– Alors, c'était bien le bal ? je demande.

– Je ne sais pas.

– Comment ça ?

– Quand monsieur Pratt a commencé à jouer du violon, madame Bell et le père de Pete se sont précipités sur la piste. En voyant cette traînée s'exhiber comme si elle était la reine de beauté du comté, maman a ordonné à papa de nous ramener directement à la maison, mes petites sœurs et moi.

– À voir madame Bell parader dans les rues, on dirait qu'elle et quelques autres font la pluie et le beau temps.

– Tu parles de monsieur Osterman, hein ?

Je suis un peu désarçonné. Que sait-elle sur M. Osterman ?

– Pourquoi tu dis ça ? demande-t-elle.

– Tout le monde sait que les Indiens disent que c'est lui qui a tué monsieur Bell.

– Et les gens y croient ?

– Bien sûr que non. Qui va croire un groupe d'Indiens face à la parole d'un Blanc ?

– Tu les crois, toi ?

Une chose rare se produit alors : Abigail ne dit rien pendant un long moment. Et quand elle s'exprime enfin, c'est sans sa fougue habituelle.

– Si je te dis quelque chose, tu promets de garder le secret ?

– Promis.

– Le matin où monsieur Bell a été assassiné, papa a vu monsieur Osterman avec l'Indien. Ils quittaient la ville, en direction de chez monsieur Bell.

Je n'en reviens pas que M. Stevens ait gardé ça pour lui aussi longtemps.

– Que faisaient-ils ? Ils discutaient ? Ils se disputaient ?

– Ni l'un ni l'autre. Ils marchaient, c'est tout. Mais il y a autre chose...

– Quoi donc ?

– Louie Sam n'avait pas de fusil. Papa ne l'a pas vu en tout cas. Comment a-t-il pu tuer monsieur Bell, alors ?

Je suis ébranlé par cette nouvelle. Cela concorde parfaitement avec la version des Sumas.

– Pourquoi est-ce que ton père n'en a parlé à personne ?

– Pour la même raison qui fait que personne ne dit rien. Les gens ont peur des conséquences.

– Il faut que quelqu'un parle.

– George Gillies, tu viens de me promettre de ne rien dire !

Elle m'a coincé. Trouver le courage d'agir et révéler tout ce que je sais, c'est bien, mais une promesse, c'est une promesse.

– Je ne dirai rien.

Abigail me regarde droit dans les yeux. Pour une fois, elle n'est pas en train de se moquer de moi ou de me taquiner. Elle est on ne peut plus sérieuse.

– Si je t'ai fait cette confidence, George, c'est parce que je sais que je peux avoir confiance en toi.

C'est incroyable : quelques paroles gentilles d'Abigail suffisent à me réchauffer le cœur.

– Je t'ai donné ma parole, dis-je.

Nous avons atteint l'endroit de la ville où le chemin s'élargit pour devenir Nooksack Avenue. Abigail prend la direction de l'école. J'ai une autre destination en tête.

– Je te rejoins à l'école, dis-je.

– Où tu vas ?

– T'occupe. Dis à mademoiselle Carmichael que j'arrive tout de suite.

– Je ne manquerai pas de lui faire la commission, dit-elle d'un ton sarcastique.

Nous avons retrouvé la nature de nos rapports habituels.

– Merci infiniment, dis-je sur le même ton, sans ciller, fier de voir que j'apprends à lui tenir tête.

Abigail me sourit au moment où nous nous séparons. Je descends Nooksack Avenue en direction de l'hôtel, en me demandant comment je vais pouvoir raconter au rouquin ce qu'a vu M. Stevens sans violer la promesse faite à Abigail.

Chapitre vingt-cinq

– M. Clark est parti, m'annonce M. Hopkins, et si tu as un peu de jugeote, tu vas fiche le camp toi aussi, avant que quelqu'un découvre que tu cherches à le voir.

Je suis dans le hall du Nooksack Hotel. Le petit mouvement de tête de M. Hopkins en direction du bureau du télégraphe est clair. Mais maintenant que j'ai rassemblé tout mon courage pour venir jusqu'ici, je ne vais pas me laisser impressionner.

– Monsieur Clark m'a dit qu'il resterait ici plusieurs jours, dis-je.

– Il s'est laissé convaincre de changer ses plans.

Au ton employé par M. Hopkins, je devine que cela ne s'est pas fait en douceur.

– Qui l'a… convaincu ?

– Écoute, George, répond M. Hopkins en pointant le doigt sur moi, si tu sais ce qui est bon pour toi et les tiens, arrête de poser toutes ces foutues questions. Sinon, tu vas découvrir par toi-même qui l'a convaincu de s'en aller.

Peu importe. Je connais déjà la réponse. J'ai vu de mes propres yeux M. Osterman menacer M. Clark ici même, hier matin. L'inspecteur m'avait paru courageux et déterminé, mais sans doute que M. Osterman avait trouvé le moyen d'entamer son assurance.

– Monsieur Clark a-t-il dit où on pouvait le joindre ?

– Essaye donc de lui envoyer un télégramme, ironise M. Hopkins. Je suis sûr que monsieur Osterman se fera un plaisir de le transmettre.

On dirait qu'une épidémie de sarcasmes s'est répandue dans la ville. N'oubliant pas ma bonne éducation, je le remercie malgré tout et ressors dans la rue, soulagé, au moins, de ne pas avoir été obligé d'affronter M. Osterman ce matin.

Je n'ai pas d'autre choix que d'aller à l'école. J'arrive juste avant que Mlle Carmichael sonne la cloche pour nous faire entrer. Abigail, en train de bavarder avec d'autres filles, me jette un rapide regard et détourne la tête aussi vite. J'en déduis qu'elle n'est pas en colère et qu'elle ne m'ignore pas. C'est juste qu'ici, dans la cour de l'école, nous avons un certain type de rapports. À l'extérieur... il se pourrait que cela commence à changer.

J'avise Pete Harkness dans un coin, en pleine discussion avec quelques « grands », parmi lesquels Tom Breckenridge. Je me dirige vers eux. C'est seulement en approchant que je remarque l'œil au beurre noir de Pete.

Je me souviens alors que la veille, il m'a confié qu'il allait éviter son père. À l'évidence, son plan n'a pas marché. Mais c'est une histoire bien différente qu'il raconte aux garçons qui l'entourent :

– En descendant du bac, voilà cet Irlandais ivre qui se plaint que la traversée était trop agitée. Je lui réponds qu'il peut aller bouffer son ragoût de patates, j'en ai rien à foutre. Et là, sans prévenir, il me balance un marron ! Mais il a juste eu le temps de frapper le premier coup avant que je l'étende…

Les autres ont l'air de gober cette histoire abracadabrante. Pete croise mon regard et pendant juste une seconde, juste pour moi, il laisse entrevoir la vérité sur l'origine de ce coquard. Puis il continue à débiter ses bobards. J'ai l'impression que cette ville regorge de secrets et de mensonges désormais. Laissant Pete à ses fanfaronnades, j'entre dans la salle de classe.

À la fin de la journée, je demande à John, Will et Annie de rentrer à la maison sans moi. J'attends Pete, retenu par Mlle Carmichael à cause de sa mauvaise note à l'examen de grammaire. J'ai une question à lui poser, en privé. À voir la façon dont il m'évite depuis ce matin, je parie qu'il sait quelle est cette question. Tous les autres élèves, ou presque, sont partis quand il sort enfin de l'école. Il a un moment d'hésitation en me découvrant assis sur le perron : il sait ce qui va se passer et ça ne le réjouit pas.

– Qu'est-ce que tu fabriques encore ici, George ?

– D'où vient cet œil au beurre noir ? Et ne me débite pas ton histoire d'Irlandais ivre.

Il passe devant moi sans s'arrêter et je lui emboîte le pas. Il tourne la tête pour cacher son coquard.

– Laisse tomber, George. C'est pas tes oignons.

Je suis obligé de presser le pas pour le suivre car ses jambes sont plus longues que les miennes. J'ai une autre question à lui poser.

– Pete, raconte-moi encore le moment où tu as vu Louie Sam sur la route de Lynden, le jour de la mort de M. Bell.

Il me regarde en face cette fois. Comme si j'étais devenu fou.

– Je te l'ai déjà raconté cent fois. Tu es demeuré ou quoi ?

– Dis-moi ce que tu as vu.

– J'ai vu ce Peau-Rouge qui avait une lueur meurtrière dans le regard. Son expression m'a rempli de terreur.

Je suis frappé qu'il utilise les mêmes expressions à chaque fois, comme s'il récitait un sonnet de Shakespeare.

– Mais ce n'était qu'un gamin, dis-je. Qu'est-ce qu'il avait de si effrayant ?

– C'était un sauvage ! Demande donc au général Custer de quoi est capable un sauvage.

– J'ai vu Louie Sam de mes propres yeux, Pete. Il était petit, plus petit que moi. Et il mesurait une tête de moins que toi, facile.

– Tu me traites de lâche ?

Non, ce n'était pas un lâche… mais un menteur, peut-être. Et j'en viens à la question que j'ai voulu lui poser toute la journée.

– Pete… est-ce que tu l'as vraiment vu ? Ou est-ce ton oncle Bill qui t'a demandé de dire que tu l'avais vu ? Ou ton père ?

Pete s'arrête et me foudroie du regard. Difficile de dire si c'est de la colère qui brûle dans ses yeux ou de la peur.

– Tu joues les inspecteurs de police maintenant, George ? Je vais te dire ce qui leur arrive aux inspecteurs par ici.

– Je t'écoute.

Il baisse la voix :

– Ils se font tabasser et chasser de la ville, et ils s'estiment heureux de pouvoir encore respirer en partant. Alors, arrête de fourrer ton nez partout.

Voilà donc ce que voulait dire M. Hopkins en affirmant que M. Clark s'était « laissé convaincre » de changer ses plans. Malgré tout, je m'obstine.

– Réponds à ma question, Pete. As-tu vu Louie Sam ou pas ?

– Oui ! Je l'ai vu.

– Avait-il un regard de meurtrier comme tu le prétends ?

Pete hésite. Sa volonté chancelle.

J'insiste :

– Est-ce qu'il tenait un fusil quand tu l'as vu ?

Il remue la tête dans tous les sens comme s'il essayait de se débarrasser de quelque chose qui le dérange, ce qui revient à admettre que Louie Sam n'avait pas de fusil. Il semble abattu. Je sens qu'il est sur le point de tout dévoiler pour se libérer. Mais soudain, il éclate de rire.

– Tu ne comprends donc pas, George ? Ça n'a aucune importance. Tout ça n'a aucune importance.

– Si. Si Louie Sam était innocent, c'est important.

– Pour qui ? À part une bande de types du gouvernement qui ne peuvent rien prouver ?

– C'est important pour son peuple, dis-je. Pour sa famille.

Et je m'aperçois combien c'est important pour moi. Je poursuis :

– Il n'est pas normal qu'un garçon innocent meure pour masquer le crime commis par une autre personne. Alors, dis-moi, Pete : est-ce que quelqu'un t'a expliqué ce que tu devais dire au shérif Leckie pour que Louie Sam ait l'air coupable ?

Il pousse un long soupir comme s'il en avait assez de garder la vérité en lui.

– Oui. Mon père. Et s'il apprend que je te l'ai dit, il me tuera.

Pete ne rit plus. Plus du tout.

Chapitre vingt-six

En ce début de soirée, John et Will coupent du bois pendant qu'Annie aide maman à faire la vaisselle du dîner. Maman, soulagée d'entendre Teddy pleurer sans cesse pour réclamer à manger, a retrouvé un peu de sa joie de vivre. J'ai attendu le moment idéal pour parler à Père, seul à seul. Je le trouve près du moulin, assis sur une souche face à la mare, savourant sa pipe en cette douce soirée presque printanière. Il regarde un couple de canards nager et plonger sous l'eau. En m'entendant approcher, il tourne la tête et son regard semble dire que j'ai intérêt à avoir une bonne raison pour le déranger.

– J'ai la preuve, dis-je.

– La preuve de quoi ?

– Que Louie Sam est innocent. Monsieur Harkness a demandé à Pete de mentir au shérif Leckie en affirmant qu'il l'avait vu le jour où monsieur Bell a été tué.

– Tu veux dire qu'il ne l'a pas vu ?

– Si, il l'a vu. Mais Louie Sam marchait simplement sur la route, sans rien demander à personne. Et surtout, il n'avait pas de fusil. Cette histoire de « lueur meurtrière dans le regard », c'était pure invention de la part de monsieur Harkness. Je crois qu'il est complice du meurtre de monsieur Bell. Dave Harkness et Bill Osterman sont tous les deux impliqués.

Père tire sur sa pipe en observant la mare, le temps d'assimiler toutes ces informations. Curieusement, il ne semble pas du tout surpris.

– Il faut faire quelque chose, dis-je.

Comme s'il ne m'avait pas entendu, il demande :

– Qui a dit : « Pour chaque action, il existe une réaction égale et opposée » ?

Père aime bien me tester de cette façon. Je devrais connaître la réponse, mais à cet instant, je suis trop déconcerté. Au hasard, je propose :

– Charles Darwin ?

Je sais que Père est un fervent admirateur de ce célèbre scientifique.

Mon ignorance me vaut un regard chargé de pitié.

– Newton, corrige-t-il.

Je ne comprends toujours pas. Quel rapport entre Sir Isaac Newton et le fait que Pete Harkness ait menti au sujet de Louie Sam ? Père tire sur sa pipe et souffle un long jet de fumée.

– Quelle que soit l'action que l'on entreprend, George, il faut réfléchir soigneusement à la réaction.

Ah, c'est donc ça. Il redoute les conséquences si nous

affrontons ouvertement MM. Osterman et Harkness. Jamais je n'ai ressenti un tel besoin de tenir tête à mon père. Je repense au passage de la Bible, tiré du Deutéronome, concernant les amendes honorables.

– Ces deux hommes ont versé le sang d'un innocent, à deux reprises, dis-je. Nous devons rétablir la justice devant le Seigneur, non ? Comme le dit la Bible.

Père me jette un regard noir ; il n'aime pas le ton sur lequel je lui parle. Et il n'aime pas qu'on lui fasse des sermons.

– Explique-toi.

Je fais de mon mieux pour rester calme et exprimer mes sentiments avec des mots.

– Louie Sam n'était encore qu'un enfant. Il avait une mère et un tas de gens pleurent sa mort. Il ne méritait pas de mourir de cette façon, seul et terrorisé. Il mérite que justice lui soit rendue, et monsieur Bell aussi.

Père m'observe comme un chat observe une souris prise au piège qu'il va dévorer d'un instant à l'autre. C'est alors que je reçois le choc de ma vie.

– Je suis obligé de te donner raison, fils, déclare-t-il. Je suis obligé de te donner raison.

Sur ce, il se tait. Une vague de soulagement me submerge. Il ne m'en veut pas d'avoir dit ce que je pensais, mais surtout, j'éprouve un sentiment d'espoir, je me dis qu'à nous deux, nous allons peut-être réparer les torts commis. Je m'assois dans l'herbe à côté de lui. Ensemble nous regardons les colverts plonger dans la mare et remonter à la surface, presque jusqu'à la nuit. Alors que nous regagnons la maison, Père s'exprime enfin :

– Dans le Sud, ils pendraient un Blanc pour trahison s'il ose penser que les gens de couleur devraient vivre libres.

– Mais l'esclavage a été aboli, dis-je. Monsieur Lincoln en a décidé ainsi.

– Oui. Et regarde ce qui lui est arrivé.

Un Confédéré l'a assassiné, voilà ce qui lui est arrivé.

– Inutile d'inquiéter ta mère avec cette histoire. Ça doit rester une affaire entre hommes.

– D'accord, dis-je, fier qu'il me considère comme un homme.

Mais maintenant, je ressens le poids des responsabilités qui vont avec.

Mercredi matin, Père et moi nous retrouvons assis côte à côte sur la banquette du chariot, tiré par Mae et Ulysse qui nous conduisent en ville. Le ciel est clair, mais il a plu toute la nuit et le chemin boueux est difficilement praticable. John, Will et Annie sont assis à l'arrière, heureux de ne pas aller à l'école à pied pour une fois. Père et moi n'allons pas à l'école. Nous nous rendons au bureau du shérif Leckie. Nous ne l'avons pas vu depuis deux semaines, lorsqu'il a croisé la troupe sur la piste de Whatcom en rentrant du Canada. Depuis qu'il a vu le juge de paix canadien placer Louie Sam en détention et depuis que Louie Sam est mort. Maintenant que l'inspecteur canadien a quitté la ville et que tout le monde a peur de dire la vérité, le shérif Leckie est notre dernier espoir.

Son bureau se trouve tout au bout de Nooksack Avenue. C'est un des premiers bâtiments à avoir été construits, à l'époque de la ruée vers l'or, vingt ans plus tôt. On devine qu'il a été bâti à la hâte : c'est un simple cube en bois ; orné d'une fausse façade en bardeaux pour qu'il paraisse moins misérable. Père et moi attendons dehors pendant presque une heure avant de voir enfin le shérif Leckie marcher sur le trottoir de planches. Il vient du Nooksack Hotel où il prenait sans doute son petit déjeuner.

Nous descendons du chariot. Père serre la main du shérif en se présentant, puis il m'introduit, au cas où le shérif nous aurait oubliés depuis ce dimanche matin où nous nous sommes rencontrés devant le cadavre de M. Bell. En fait, le shérif Leckie se souvient très bien de moi et il me félicite pour ma vivacité d'esprit en cette occasion.

– Eh bien, que puis-je faire pour vous, messieurs, en cette belle matinée ?

– Peut-on parler à l'intérieur ? suggère Père car même si la rue est quasiment déserte à cette heure, l'affaire qui nous amène ne concerne que le shérif.

Alors que nous le suivons à l'intérieur de son bureau qui sert également de prison, il me demande comment je me suis cassé le bras et je lui explique. La première chose qui me frappe en entrant, c'est l'odeur. On se croirait dans des vieilles toilettes. Il y a juste un bureau et un fauteuil, un poêle à bois et une unique cellule, exiguë, avec des barreaux et sans fenêtre. Elle n'a pas été occupée depuis longtemps, apparemment. Sans doute servait-elle davantage à l'époque de la ruée vers l'or quand un tas d'individus traversaient la ville avec l'espoir de gagner de l'argent facilement, en faisant la manche ou en chapardant. Le shérif entreprend d'allumer le poêle, et je m'en réjouis car il fait froid et humide dans cette pièce. Le seul siège étant le fauteuil du bureau, Père et moi sommes obligés de rester debout pour dire ce que nous avons à dire.

– George a des informations qu'il souhaiterait vous transmettre, dit Père.

– À quel sujet ? demande le shérif en attisant le feu qu'il a allumé dans le poêle au ventre rebondi.

– Au sujet du meurtre de James Bell.

En entendant ces mots, le shérif lève la tête.

– J'ai déjà interrogé votre garçon le matin du meurtre, monsieur Gillies. Je ne vois pas ce qu'il pourrait ajouter maintenant.

– C'est un élément nouveau, dit Père.

Le shérif ferme la porte du poêle, puis prend tout son temps pour traverser la pièce et regagner son fauteuil derrière son bureau. Il ouvre un tiroir d'où il sort une feuille de papier et un crayon.

– Eh bien, George, qu'as-tu à me dire au sujet d'un meurtre qui a déjà été élucidé ?

Il semble agacé, mais je ne me laisse pas démonter. La présence de mon père m'aide.

– Ce n'est pas la bonne personne qui a été punie pour le meurtre de monsieur Bell, monsieur.

– C'est une sacrée affirmation. Qu'est-ce qui te fait croire ça ?

– J'ai découvert certaines choses sur Louie Sam, le jeune Indien.

Le shérif referme brutalement son tiroir comme si la simple mention de Louie Sam constituait une contrariété.

– Je n'ai pas oublié qui est Louie Sam, fiston. Et je ne risque pas de l'oublier, vu qu'à cause de lui, j'ai les gouvernements de deux pays sur le dos, à commencer par le gouverneur Newell.

– Il n'a pas tué monsieur Bell.

– Tu me pardonneras de ne pas être d'accord avec toi sur ce point.

Père vole à mon secours :

– Shérif, vous devriez écouter ce que George a à dire.

– Très bien, petit. Je t'écoute.

Assis dans son fauteuil, il lève les yeux vers moi et attend. Et figurez-vous que mon esprit choisit précisément cet instant pour me faire faux bond. Je ne sais pas par où commencer. Mais soudain, voilà que ça sort, si vite que ma langue a du mal à suivre mon cerveau.

– Ce que les gens ont déclaré au sujet de Louie Sam était totalement faux. Il n'avait pas de fusil quand il est venu en ville ce dimanche matin pour rencontrer monsieur Osterman, il n'a donc pas pu tuer monsieur Bell, et il n'avait pas non plus une lueur meurtrière dans le regard. Les gens ont inventé tout ça pour qu'il ait l'air coupable et…

– Oh la, oh la. Ralentis un peu, dit le shérif. Quels « gens » ?

– Bill Osterman. Et Dave Harkness.

Le shérif se penche en avant et pose lourdement ses coudes sur le bureau.

– Ce sont des accusations graves, George. J'espère pour toi que tu as de quoi les étayer. Tu as déjà entendu parler d'une chose qui s'appelle la diffamation ?

Je me calme. J'ai une vague idée de ce qu'est la diffamation.

– C'est quand on dit de vilaines choses sur quelqu'un ?

– C'est quand on dit de vilaines choses qui sont des mensonges, rectifie-t-il.

– Je ne mens pas ! C'est la vérité !

Père me fait taire d'un regard, puis il s'adresse au shérif :

– George n'a pas tenu ces propos en public, et il ne le fera pas. C'est pour cela que nous sommes venus vous trouver.

– Je ne peux rien faire à partir d'un paquet de rumeurs. Donnez-moi des faits. Apportez-moi des témoins. Sur quoi te bases-tu au juste, George ? Comment peux-tu être sûr que Louis Sam n'avait pas de fusil ?

– Je ne peux pas vous dire qui me l'a dit. J'ai donné ma parole.

Le shérif Leckie jette son crayon sur la table.

– Alors, pourquoi tu me fais perdre mon temps ? Que veux-tu que je fasse, hein ? Que j'aille arrêter Bill Osterman parce qu'une bande d'Indiens affirme que c'est lui le coupable ?

– Oui, dis-je. Et vous devriez arrêter Dave Harkness également. Et madame Bell.

– Pour quel motif, je te prie ?

– Meurtre ! Je suis témoin.

Père me lance un regard surpris. Nous n'avions pas convenu que j'irais aussi loin, mais je ne peux plus m'arrêter. Le shérif Leckie plisse les paupières.

– Tu es en train de me dire que tu as vu Bill Osterman, Dave Harkness et Annette Bell assassiner Jim Bell ?

– Je ne les ai pas vus, mais j'ai entendu Dave Harkness et Annette Bell en parler à monsieur Moultray.

– Et où as-tu entendu ça ?

– Chez eux, le dimanche soir. Après m'être cassé le bras. J'ai passé la nuit là-bas.

– Qu'as-tu entendu, exactement ?

– Monsieur Moultray a demandé de but en blanc à monsieur Harkness et à madame Bell s'ils étaient impliqués dans le meurtre de monsieur Bell, car il voulait attaquer monsieur Harkness en justice, et ils n'ont pas nié.

– Je ne peux pas commencer à arrêter d'éminents citoyens du comté de Whatcom en me basant sur des propos rapportés par un gamin.

Une idée me traverse l'esprit.

– Mais, shérif, vous êtes obligé d'arrêter Dave Harkness et Bill Osterman, de toute façon !

– Qu'est-ce que tu racontes ?

– Le gouverneur Newell a ordonné, pas plus tard que vendredi dernier, que les meneurs de la troupe soient arrêtés.

Il me regarde droit dans les yeux.

– Je ne sais pas de quoi tu parles, petit. Personne ne sait qui conduisait la troupe.

Je suis stupéfait. Cet homme est le shérif, il a juré de faire respecter la loi. Comment peut-il proférer un tel mensonge ?

– Mais… vous étiez là, dis-je. Je vous ai vu. Vous avez parlé avec monsieur Osterman et monsieur Harkness cette nuit-là. Et avec monsieur Breckenridge et monsieur Moultray aussi. Et monsieur Hopkins. C'étaient eux, les meneurs. Tout le monde le sait.

– Ce que j'ai vu, c'est un groupe d'hommes déguisés de telle façon que je ne peux pas être certain de leurs identités.

– Mais…

Père me prend le bas, celui qui n'est pas cassé.

– Laisse, George.

– Mais…

– Laisse, je t'ai dit !

Il m'entraîne au-dehors sans même saluer le shérif Leckie. Il regarde droit devant lui. La mâchoire crispée, il détache Ulysse et Mae. Je suis dérouté par ce qui vient de se passer et par le silence furieux de Père.

– Je ne regrette pas ce que j'ai dit.

Il me regarde. L'étonnement se lit dans ses yeux, et peut-être aussi un peu de fierté.

– Je suis heureux de l'entendre, dit-il. Ce n'est pas toi qui devrais t'excuser, fiston. Ce n'est pas toi.

Chapitre vingt-sept

Père fait faire demi-tour à Mae et Ulysse et nous descendons Nooksack Avenue en direction de la maison. Au moment où nous passons devant le nouvel hôtel, qui en sort ? M. Moultray ! Peut-être est-il allé voir M. Osterman au bureau du télégraphe ou peut-être a-t-il pris son petit déjeuner avec le shérif Leckie ?

– Une conspiration de vauriens, lâche Père. Ah, comme je regrette de ne pas avoir eu l'intelligence d'écouter ta mère ce soir-là. J'aurais voulu ne jamais participer à cette sale expédition.

– Tu n'es pas le seul à ressentir ça, dis-je. Monsieur et madame Stevens sont comme toi. Et madame Thompson. Le docteur Thompson aussi, peut-être.

N'empêche, je n'ai pas pardonné au médecin d'avoir condamné Teddy aussi vite.

Père ne dit rien. Je vois qu'il réfléchit.

– On pourrait envoyer un message au gouverneur Newell, je suggère. On pourrait lui écrire une lettre pour lui donner les noms des meneurs.

– Oui, mais ne nous leurrons pas. Ces gens sont des assassins. C'est dangereux.

– Pas si nous sommes suffisamment nombreux.

Nous avons atteint les limites de la ville. Père devrait s'arrêter là pour que je saute du chariot et fonce à l'école, mais cela lui est totalement sorti de l'esprit, on dirait. Et ce n'est pas moi qui vais le lui rappeler.

– Peut-être que je devrais rendre visite à monsieur Stevens, dit-il.

La scierie des Stevens se trouve sur notre chemin, justement. Mais soudain, Père arrête le chariot : il n'a pas oublié, finalement.

– Allez, file à l'école.

Je saute à terre et il fait claquer les rênes en encourageant Mae et Ulysse à presser l'allure, comme s'il avait hâte de parler à M. Stevens. À l'idée de trouver du renfort pour faire face à Bill Osterman et Dave Harkness, je reprends courage.

Mlle Carmichael est en train de donner un cours d'arithmétique aux grands lorsque je me faufile à l'intérieur de l'école. Elle n'est pas contente que je sois en retard. Je lui présente mes excuses et m'assois à ma place. Tout en écoutant la leçon d'une oreille distraite, je regarde tous ces garçons et ces filles avec qui j'ai grandi et me demande combien de leurs parents, outre ceux d'Abigail, pourraient se ranger de notre côté. Le père de Tom Breckenridge défendra les meneurs, j'en suis sûr. Et Walter Hopkins ? Son père, Bert, le directeur de l'hôtel, me répète sans cesse de la boucler, on peut donc parier qu'il ne voudra pas l'ouvrir, lui non plus. Quant au père de Kitty Pratt, c'est lui qui a frappé Louie Sam à la tête avec la crosse de son fusil. En temps normal, M. Pratt est un homme sympathique, qui sait raconter une histoire et jouer du violon. Peut-être regrette-t-il ce qui s'est passé cette nuit-là. Peut-être est-il secrètement de notre côté ?

À midi, il commence à faire beau. Mlle Carmichael nous demande d'emporter nos paniers de déjeuner dehors, au soleil. Apercevant Kitty en compagnie d'Abigail, je me dirige vers elles. Elles sont assises sur un banc en compagnie de Mary Hecht qui se considère comme la reine des abeilles, bien qu'elle soit trop maigre et très quelconque à côté d'Abigail

Cette dernière me demande :

– Pourquoi tu es arrivé en retard ce matin ?

– J'avais une affaire à régler.

– Tu te donnes de grands airs, George, dit Mary.

– C'est vrai, renchérit Kitty en jouant avec sa natte blonde. On peut savoir de quelle affaire il s'agit ?

Toutes les trois me regardent ; elles attendent une réponse. S'il y avait juste Abigail et Kitty, je me jetterais à l'eau. Mais j'ai des doutes sur Mary. Je me souviens d'avoir vu son père cette nuit-là, il faisait partie de la horde. J'ignore quel est l'état d'esprit de M. Hecht.

– Tu as perdu ta langue ? ironise Mary.

– Arrête de l'asticoter, Mary, dit Abigail en se levant.

Elle me prend par le bras, celui qui n'est pas cassé, et m'entraîne à l'écart.

– Tu dois être plus prudent, me glisse-t-elle.

– Elles ne savent pas de quoi je parle.

– Tout le monde le sait, George ! Walter Hopkins raconte partout que tu es allé à l'hôtel, hier, pour cracher le morceau à cet inspecteur.

Instinctivement, je me tourne vers Walter. Il se tient au fond de la cour avec Tom et Pete. Ce dernier mesure cinq bons centimètres de plus que les deux autres. Il éclate de rire en écoutant ce que raconte Tom.

– Mais je n'ai pas parlé à l'inspecteur, dis-je. Il a quitté la ville.

– Peu importe que tu lui aies parlé ou pas, répond Abigail. Le mal est fait.

– Quel mal ?

Elle pince les lèvres comme si elle avait peur de parler. Elle lance un regard nerveux en direction de Kitty et Mary qui nous observent.

– On ne renoncera pas, lui dis-je. Mon père veut

rassembler tous ceux qui pensent comme nous. On va écrire au gouverneur Newell pour dénoncer les meneurs.

La peur se lit dans ses yeux.

– Vous êtes fous ? murmure-t-elle.

– Mon père va en parler au tien. Si on se serre les coudes, on n'a rien à craindre. L'union fait la force.

– Tu as parlé du fusil à ton père, hein ? dit-elle, toujours à voix basse. Tu avais promis de garder le secret !

– Je lui ai juste dit que ton père était de notre côté.

Abigail me rend fou. J'ai envie qu'elle s'engage. J'ai envie qu'elle fasse le choix qui s'impose.

– À quoi bon penser que ce lynchage était une erreur, dis-je, si nous ne sommes pas prêts à le clamer haut et fort ?

Elle paraît un peu honteuse en entendant cette accusation. Mais elle est nerveuse et elle ne cesse de jeter des coups d'œil vers Mary et Kitty, et aussi vers Tom Breckenridge, comme si elle ne voulait pas être vue en train de me parler. Pour la calmer et la protéger, j'essaye de donner l'impression que nous bavardons normalement, sans nous disputer.

– Tu crois que le père de Kitty pourrait se ranger de notre côté ? Ou le père de Mary ? Tu peux leur demander de parler de cette lettre à leurs parents ?

– Je ne peux pas demander à Mary. Elle est tellement amoureuse de Tom Breckenridge qu'elle est d'accord avec toutes les idioties qu'il raconte. Kitty… peut-être.

– C'est le bon choix, Abigail.

– Pas la peine de prendre ce ton supérieur !

Elle a retrouvé son caractère mordant. Pour une raison que j'ignore, cela me fait sourire. Et elle sourit à son tour. Penchés l'un vers l'autre, comme si nous échangions des mots doux, nous passons les dernières minutes de l'heure du déjeuner à dresser la liste de celles et ceux qui pourraient accepter de transmettre le message à leurs parents. Le père d'Ellen Wallace était resté à l'arrière de la troupe, peut-être parce qu'il n'était pas certain de vouloir se trouver là. Le père de Donny Erskine n'était pas présent, à cause de sa vache qui vêlait au même moment, mais ce n'était peut-être qu'un prétexte. Abigail promet de leur parler, ajoutant qu'il est préférable pour tout le monde qu'on les voie discuter avec elle plutôt qu'avec moi.

Quand nous retournons en classe après le déjeuner, j'ai l'impression que Tom Breckenridge ne me quitte pas des yeux.

Le soir, à la maison, une fois les petits couchés, Père annonce que M. Stevens est d'accord pour dire qu'il faut agir. Son épouse et lui sont prêts à ce que la réunion ait lieu chez eux, alors en comptant maman, cela fait quatre citoyens électeurs disposés à se manifester et à clamer la vérité. Mme Stevens pense que Mme Thompson pourrait se laisser convaincre de se joindre à nous, son mari également.

– Ça ne peut pas faire de mal d'avoir le médecin avec nous, dit maman, mais quelque chose dans sa voix indique qu'elle ne lui a pas pardonné, elle non plus.

– Il y en aura peut-être d'autres, dis-je. Abigail fait passer le mot.

– Si nous voulons réussir, dit Père en tirant sur sa pipe, nous devons agir rapidement et discrètement. Et nous méfier de tout le monde.

La réunion a été fixée au lendemain soir. Maman insiste pour qu'Agnes et Joe soient présents, mais Père pense que ce serait une erreur d'inviter les Indiens. Réparer une injustice qu'ils ont subie, c'est une chose, dit-il, mais de là à les traiter comme s'ils avaient voix au chapitre, au même titre que les colons... De toute façon, en tant qu'Indiens, Agnes et Joe n'ont pas le droit de vote. John intervient pour dire qu'il est d'accord avec maman au sujet des Hampton, mais Père lui ordonne de se taire.

Voilà, nous avons un plan. Demain soir, les habitants sensés de la vallée de Nooksack se réuniront pour adresser au gouverneur Newell une lettre dans laquelle ils lui demanderont d'arrêter Bill Osterman, Dave Harkness, Bill Moultray, Robert Breckenridge et Bert Hopkins, au motif qu'ils conduisaient la horde qui a pendu illégalement Louie Sam.

Chapitre vingt-huit

Le jeudi matin, je me réveille avec les nerfs à vif. J'aimerais que la réunion ait lieu maintenant, au lieu de devoir attendre jusqu'à ce soir. Quant on pense à tous les ennemis que les colons ont l'habitude d'affronter, qu'il s'agisse des bêtes sauvages ou des sauvages tout court, c'est horrible de savoir que votre pire ennemi se trouve parmi vous, qu'il a le visage de ces gens sur qui vous comptiez autrefois pour vous aider à vaincre l'adversité. Et c'est effrayant de savoir que Bill Osterman et Dave Harkness sont capables de supprimer quelqu'un sans la moindre hésitation si cela peut leur permettre de vivre dans la tranquillité et l'opulence. À mes yeux, ce sont des doubles meurtriers. Ils ont d'abord tué M. Bell, puis ils ont lynché Louie Sam. Peu importe de savoir qui a pressé sur la détente ou tiré sur la corde. Ce qui compte, c'est qu'ils voulaient tuer deux personnes et ils ont réussi.

Père semble de bonne humeur quand il prend la direction des champs avec John pour commencer à semer l'orge. Il est redevenu l'homme qu'il était avant, un homme indépendant, enfin. Mais maman doit être aussi nerveuse que moi car elle fait taire d'un ton sec le petit Teddy qui braille dans son berceau pendant qu'elle essaye de préparer le petit déjeuner. C'est la première fois qu'elle gronde le bébé. Dehors, Gypsy se met à aboyer après je ne sais quoi, ce qui a pour effet d'attiser notre nervosité. Et soudain, on frappe à la porte. Qui peut venir à cette heure, alors que le soleil se lève à peine ?

– C'est sans doute Agnes, dit maman en s'essuyant les mains sur son tablier. Va lui ouvrir, George.

En ouvrant la porte, quelle n'est pas ma surprise de découvrir qu'il n'y a personne. Puis j'aperçois un cheval attaché au poteau, le cheval de M. Bell, celui sur lequel Pete et moi avons suivi la troupe vers le nord. Une pensée folle me traverse alors l'esprit : le fantôme de M. Bell est venu jusqu'ici, sur son cheval, pour nous indiquer que nous avions fait le bon choix en décidant de venger son meurtre. Mais en sortant, je prends conscience de l'absurdité de mon hypothèse. Mme Bell se tient à quelques pas de là, en train d'admirer un buisson de cornouiller qui a fleuri. Elle porte la tenue dans laquelle je l'ai prise pour un homme, une quinzaine de jours plus tôt, devant le Nooksack Hotel : un vieux ciré et un chapeau à large bord. Elle m'adresse un grand sourire.

– George ! C'est justement toi que je voulais voir.

Maman sort à son tour. Stupéfaite de découvrir Annette Bell devant sa maison, elle la regarde bouche bée. Cet accueil muet ne semble pas déranger Mme Bell.

– Bonjour, madame Gillies. Une belle matinée, n'est-ce pas ?

– Oui, très belle, dit maman.

Si son ton reste poli, son expression est glaciale et elle ne fait aucun geste pour inviter Mme Bell à entrer boire un café comme elle le ferait avec n'importe qui d'autre. Elle doit se dire, comme moi, que la visite de cette femme n'augure rien de bon, après tout ce que nous avons raconté sur elle et son défunt mari.

– Vous êtes loin de chez vous, madame, reprend maman. Qu'est-ce qui vous amène ici de si bon matin ?

– Je suis venue voir votre George.

– Et pour quelle raison vouliez-vous le voir ?

Maman est beaucoup moins polie maintenant. À vrai dire, elle semble carrément hostile. Mais Mme Bell demeure imperturbable.

– J'ai juste un mot à lui dire. George est presque un adulte, madame Gillies. Il n'a pas besoin de la permission de sa mère pour bavarder avec la mère d'un de ses amis.

– Jimmy n'est pas mon ami, dis-je.

Je ne voulais pas paraître aussi brutal. Mme Bell me regarde ; elle semble presque meurtrie.

– Je parlais de Pete, dit-elle.

La surprise doit se lire sur mon visage car elle ajoute :

– Pete ne t'a rien dit ? Monsieur Harkness et moi allons nous marier, dès que cette désagréable affaire sera réglée. Par conséquent, je serai bientôt la mère de Pete également.

Maman ne sait pas quoi dire, à l'évidence, et moi non plus. Difficile de décider ce qui est le plus scandaleux : qu'elle vive dans le péché avec M. Harkness ou qu'elle l'épouse si peu de temps après le meurtre de son mari.

– George, dit-elle en profitant de notre hébétude, tu veux aller faire un petit tour au bord du ruisseau avec moi ?

Le regard de maman m'interdit de l'accompagner, mais Mme Bell a touché un point sensible en affirmant qu'un homme ne devait pas se laisser dicter ses actes par sa mère. En outre, elle paraît toute douce et gentille ce matin. Elle s'éloigne sur le chemin qui mène à notre moulin et je la suis. Elle attend que nous soyons loin de la maison pour parler :

– George, les gens racontent que tu as entendu des choses que tu n'aurais pas dû entendre quand tu as passé la nuit chez moi dimanche dernier.

C'est donc ça. Mon esprit fonctionne à toute allure. À part Pete, le shérif Leckie est le seul à qui j'en ai parlé. Lequel des deux a vendu la mèche ? Je dois avoir l'air paniqué car elle pose la main sur mon bras plâtré pour m'apaiser.

– Je t'aime bien, George. C'est pour ça que je suis venue. Pour te protéger contre toi-même.

– Je ne comprends pas.

– Parfois, les jeunes gens croient agir de manière héroïque, alors qu'en réalité, ils s'entêtent bêtement. Répandre des rumeurs sur des voisins, des gens que tu risques de côtoyer toute ta vie, avec qui tu peux être amené à traiter des affaires, ça n'amène rien de bon.

Je ne sais absolument pas quoi dire, mais elle n'attend pas de réponse de ma part visiblement. Nous avons atteint le moulin. Elle regarde autour d'elle et sourit en contemplant le joli spectacle offert par la retenue d'eau. La surface est lisse, calme, des oiseaux gazouillent. Elle inspire l'air frais du matin.

– Certaines personnes, reprend-elle, te reprochent de t'être dressé contre les tiens.

Je n'ai pas besoin de demander qui sont ces personnes. Son futur mari doit en faire partie, ainsi que M. Osterman et le shérif Leckie.

– Mais moi, je ne t'en veux pas, George, même si tu as une curieuse façon d'exprimer ta gratitude, alors que nous t'avons hébergé et nourri quand tu étais grièvement blessé. En fait, je suis davantage inquiète pour toi, inquiète de ce qui pourrait arriver à un garçon qui ne sait pas tenir sa langue.

Il n'y a plus aucune trace de gentillesse dans sa voix. Elle me regarde droit dans les yeux et ajoute :

– Je vois que tu n'as rien à dire, George. C'est bien, continue comme ça si tu sais où est ton intérêt et celui de ta famille.

Sur ce, elle remonte le chemin en direction de la maison, à grandes enjambées, comme le ferait un homme. Et j'ai peur d'elle, comme j'aurais peur d'un homme qui proférerait des menaces contre moi et mes proches.

Je regagne la maison juste à temps pour voir disparaître Mme Bell sur le chemin qui mène à la route. Lorsque j'entre, maman est penchée au-dessus du berceau de Teddy. Elle me tourne le dos.

– Que te voulait cette femme ? demande-t-elle.

Je m'abstiens de lui dire la vérité. Les menaces de Mme Bell ne feraient que décupler sa nervosité, alors qu'elle vient juste de s'offrir un moment de répit en endormant le bébé. De plus, Annie, Will et Isabel sont assis autour de la table, en train de manger leurs œufs et leurs pancakes. Ils sont trop jeunes pour découvrir les aspects les plus sombres de la nature humaine.

– C'est personnel, dis-je.

Maman se retourne et me regarde bizarrement.

– George Gillies, je t'interdis d'avoir des secrets avec une personne de son espèce. Et de la fréquenter.

Je me sens rougir. Je n'ose même pas penser à ce qu'elle imagine.

– Il faut que j'aille à l'école, dis-je et je me dirige vers la porte.

– Tu dois accompagner Annie et Will. John va rester ici aujourd'hui pour aider votre père à semer.

En temps normal, cette tâche me reviendrait si je n'avais pas le bras cassé. Je me sens aussi inutile qu'une lame émoussée.

– Je peux accompagner Annie, moi, dit Will.

Maman lui sourit.

– J'oublie que tu es grand maintenant.

Elle se retourne vers moi et ajoute :

– Vas-y, les enfants t'apporteront ton déjeuner.

J'ai menti à maman : je ne vais pas à l'école. J'ai juste besoin de prendre l'air. Une fois dehors, je songe que je devrais peut-être aller trouver Père dans les champs pour lui parler de la visite de Mme Bell. Mais que pourrais-je lui dire ? Qu'une femme a réussi à me flanquer la frousse ? Il faut que j'aille dans un endroit où je puisse réfléchir. Je me mets à marcher et, sans même m'en apercevoir, je me retrouve au bord du ruisseau. Je le longe jusqu'à ce que la maison des Hampton apparaisse. Joe est dehors, près du feu qui leur sert à cuisiner. Quelque chose me dit qu'il est exactement la personne à qui je dois parler. C'est peut-être pour cela que mes pas m'ont conduit dans cette direction.

Chapitre vingt-neuf

La maison des Hampton n'est pas aussi propre et bien rangée que la nôtre. Il n'y a pas de jardin labouré qui attend d'être planté. Les mauvaises herbes ont tout envahi. Les murs sont faits de rondins et le toit en peau de cerf, ce qui donne à l'ensemble un aspect de tipi indien. Le feu qui sert à cuisiner est à l'extérieur : une grosse marmite en fonte repose sur des braises rougeoyantes ; il s'en échappe des odeurs de porridge. Joe a suspendu à une branche d'arbre un jeune cerf qui vient d'être tué. Après avoir fendu la carcasse en deux, il fait tomber les viscères encore fumantes dans un seau. Il me dit de m'installer, alors je vais m'asseoir sur une souche prévue à cet effet, près du feu.

– Tu avais raison au sujet de Louie Sam, dis-je. Je sais maintenant qu'il n'a pas tué monsieur Bell.

– Tu es venu jusqu'ici pour me dire ce que je sais déjà ?

Cette remarque me déstabilise. Pourquoi suis-je venu au juste ? Qu'est-ce que j'attends de Joe ? Peut-être ai-je besoin qu'on me rappelle qu'une injustice doit être réparée, quels que soient les risques encourus par la famille Gillies. Je m'entends dire :

– Certains colons vont se réunir. Nous allons envoyer une lettre au gouverneur pour lui dire qui menait la troupe, afin qu'ils soient arrêtés et envoyés au Canada pour y être jugés.

Joe finit de vider le cerf. Il emporte le seau de viscères vers le feu, en sort les reins, le foie et le cœur, qu'il jette dans la marmite. Tout cela sans réagir à ce que je viens de dire. Alors, j'ajoute :

– Je pensais que ça te ferait plaisir de l'apprendre.

– Mon cousin ne va pas ressusciter, dit Joe. Mais peut-être que toi, tu dors mieux la nuit, maintenant qu'il ne vient plus hanter tes rêves, alors c'est bien.

Il n'y a aucune colère dans sa voix, mais ses paroles en sont pleines. Je suis triste qu'il pense que je réclame justice uniquement pour me sentir mieux, pour soulager ma conscience. C'est peut-être pour cela que je me surprends à dire ce que je n'ai dit à personne d'autre :

– Je l'ai vu sur la piste du télégraphe, au sud de la rivière. Il est venu vers moi.

Dit à voix haute, cela semble complètement insensé. Mais pas pour Joe, apparemment.

– Que faisait-il ?

– Il marchait dans les bois, à côté de moi. J'étais dans un sale état. Je m'étais cassé le bras en tombant et j'étais seul. C'était réconfortant de le voir, même si je savais qu'il n'avait aucune raison d'être gentil avec moi.

– Il t'a parlé ?

– Non. Mais je crois qu'il souriait.

– Oui, il était comme ça. Il aimait bien les plaisanteries. Ce qui ne l'empêchait pas d'avoir un sale caractère. Comme son père.

Et en regardant mon plâtre, il ajoute :

– Peut-être qu'il souriait parce que tu avais le bras cassé.

Cette idée ne m'avait pas effleuré. Je demande :

– Tu crois que c'était vraiment lui ?

– Il faut être très prudent avec le monde des esprits, dit Joe. Ils n'aiment pas que les vivants parlent d'eux à la légère. J'ai entendu l'histoire d'un homme qui avait parlé de l'esprit de la rivière à un missionnaire et qui est mort noyé.

Ce n'est pas une réponse, juste une marque de superstition.

– Les chrétiens ne voient pas les choses de cette façon, dis-je. Tu peux tout dire à Dieu. Il sait tout.

Joe m'observe au-dessus du feu. La colère est dans son regard maintenant.

– Ton Dieu sait-il pourquoi le Peuple de la Rivière est en train de mourir ?

Je suis pris au dépourvu.

– Quel peuple ? Qui est mort à part Louie Sam ?

Il secoue la tête.

– Les Blancs ont apporté la maladie avec eux. La phtisie. La vérole. Des familles entières agonisent, des deux côtés de la rivière. Il y a dix ans, quand le gouvernement a tenté d'envoyer les Nooksacks sur une réserve, près de la baie, ils sont revenus immédiatement au bord de la rivière car c'est chez eux. Maintenant… tout est en train de changer. Des colons installent des filets pour empêcher les saumons de remonter le courant. Des clôtures apparaissent un peu partout. Quand je chasse le cerf, j'ai peur de tuer la vache d'un fermier par erreur et d'être pendu comme un voleur… sur notre terre.

Leur terre. Leurs traditions. J'ai envie de lui répondre que cette terre est à nous désormais, que nos traditions nous permettent de donner vie à cette contrée sauvage. Mais je pense aussi qu'Agnes a réussi à sauver Teddy, contrairement au Dr Thompson avec toute sa science. Alors, ne sachant quoi répondre, je finis par dire une bêtise :

– Tu pries comme nous ?

Cette question calme sa colère.

– Évidemment que je prie. J'ai prié pour que ce *mowitsh* vienne nous nourrir.

J'en déduis que *mowitsh* signifie cerf. C'était le mot qu'avait employé la jeune Indienne pour décrire les brindilles dans mes cheveux, ce jour-là sur le trajet du télégraphe. Je comprends la plaisanterie maintenant : elle voulait dire que j'avais l'air d'avoir des bois sur la tête, comme un cerf.

– Qu'est-ce qui te fait sourire ? demande Joe. C'est la prière ?

– Je ne voulais pas te vexer, dis-je en redevenant sérieux. Parfois, il n'y a rien d'autre à faire que de prier.

Je me lève pour prendre congé, au moment où Agnes sort de la maison. Elle se dirige vers le feu pour remuer le contenu de la marmite, en me saluant d'un hochement de tête.

– Bébé bien ? demande-t-elle.

– Teddy va bien. Maman dit qu'il ressemble à un porcelet qui réclame à manger.

– Pas *pâht-lum*.

– Non, il n'est plus ivre. Merci, Agnes. Vous l'avez sauvé.

Elle se redresse et sourit. Elle s'approche de moi et me tapote la joue comme si j'étais un petit enfant, alors que je mesure une tête de plus qu'elle. Sa paume a la rugosité du cuir de vache. Ses yeux sont si tristes et fatigués que je me sens fatigué moi aussi rien qu'à les regarder.

– Où est ton frère ? je demande à Joe.

– Au pensionnat à Lynden. Il apprend à devenir un Blanc.

Agnes lance un regard noir à son fils et lui dit quelque chose dans leur langue, d'un ton sévère. Il lui répond. J'ignore ce qu'ils se disent, mais je devine qu'ils ont déjà eu cette dispute.

– Que dit-elle ?

Joe rit.

– Elle dit que je suis jaloux parce que Billy sait lire et écrire.

– Je pourrais t'apprendre, dis-je.

Joe me fusille avec ses yeux bleus, comme si je venais de le traiter d'idiot.

Je m'empresse d'ajouter :

– Si tu as envie, évidemment.

Il me tourne le dos et continue à vider le cerf. Agnes s'assoit près du feu pour remuer le contenu de la marmite. J'ai l'impression qu'ils n'ont plus rien à me dire, ni à se dire.

– Bon, j'y vais.

Au moment où je m'éloigne, Joe me lance :

– La tribu sera contente d'apprendre qu'il y a des Blancs qui regrettent ce qui s'est passé.

Ce n'est pas grand-chose, mais c'est tout ce que j'obtiendrai de lui en guise de réconfort.

Je rentre en suivant la rivière, comme je suis venu, en repensant à ma discussion avec Joe. La façon de penser des Indiens est pleine de mystères, et Joe est une curiosité en soi. Parfois, il s'exprime comme un Blanc, et parfois comme un Indien. En revanche, il ressemblera toujours à un Indien, exception faite de ses yeux bleus, et j'en déduis que pour les Blancs, cela règle la question. Mais il me semble que tout le monde sur cette terre, les Blancs comme les Indiens, souffre d'une manière ou d'une autre. Et, d'une manière ou d'une autre, nous prions tous pour que cette souffrance cesse.

Chapitre trente

Je fais un long détour pour éviter la maison, afin que maman ne voie pas que je suis en retard pour aller à l'école, une fois de plus. D'un bon pas, j'emprunte le chemin qui mène en ville. En passant devant les restes calcinés de la maison de M. Bell, je ne peux m'empêcher de penser à ces histoires de fantôme qui circulent désormais et je sens les poils de ma nuque se dresser. J'aurais aimé que Joe Hampton me dise plus clairement si c'était l'esprit de Louie Sam que j'avais vu marcher près de moi dimanche dernier.

Quand j'arrive à l'école, c'est déjà la récréation. J'aperçois Abigail assise sur le banc avec les autres grandes. J'ai l'impression qu'elle m'a vu, elle aussi, même si elle n'a pas un regard pour moi.

– Qu'est-ce que tu as encore fait, George ?

En baissant la tête, je découvre ma sœur Annie devant moi, les mains sur les hanches, coudes écartés.

– De quoi tu parles ? dis-je, agacé de me faire réprimander par cette morveuse qui se prend pour la maîtresse.

– Aucune des filles ne veut plus me parler !

– Eh bien, peut-être que tu devrais apprendre à être plus aimable avec elles.

– C'est pas à cause de moi ! C'est à cause de toi ! Elles ne veulent pas me dire ce que tu as fait, mais c'est forcément grave.

La nouvelle de la réunion s'est donc répandue. Même les plus jeunes ont peur. Je ne peux éviter de jeter des regards en direction d'Abigail qui se trouve à moins de dix mètres de moi. Peut-être a-t-elle mis trop de zèle à faire circuler l'information. À voir la façon dont elle rougit, je sais qu'elle sent que je la regarde, mais elle garde les yeux fixés devant elle, sur Mary Hecht qui est en train de parler de sa nouvelle robe ou d'une sottise dans le même genre. Je reviens sur Annie.

– Il faut que tu aies confiance en ta famille, dis-je.

Je suis sincère. Les autres peuvent se dresser contre moi, mais je ne tolérerai aucune remarque déloyale de la part de ma propre sœur. Elle baisse la tête. Quand elle la relève, je vois à quel point elle a peur.

– Qu'est-ce qui va se passer, George ? murmure-t-elle.

– Tu n'as aucune raison de t'inquiéter.

À en juger par son regard, elle sait que je mens.

Mlle Carmichael sort de l'école et sonne la cloche pour nous faire rentrer en classe. Au moment où je gravis les marches du perron, Pete Harkness se penche vers moi. Ses yeux crachent du venin.

– Espèce de salaud, dit-il. (Je sens son haleine sur mon visage.) Je te confie un secret et toi, tu vas tout raconter au shérif ?

– Je ne lui ai pas dit d'où ça venait.

– Peu importe. À partir d'aujourd'hui, toi et moi, on est des ennemis jurés.

Il entre avant moi dans l'école. Et voilà. La justice m'a fait perdre un ami.

À la fin de la journée, j'ai l'occasion de parler seul à seule avec Abigail, sur le chemin qui nous ramène chez nous. Elle est silencieuse et nerveuse, comme si elle ne savait pas quoi me dire.

– Apparemment, tu as fait circuler l'information.

Je donne l'impression de l'accuser en disant cela, ce qui n'était pas du tout l'effet recherché. Elle répond d'un ton cassant :

– J'en ai juste parlé à Kitty et à Walter !

– Pete est au courant.

– Ce n'est pas moi !

– Je n'ai pas dit ça.

– J'ai l'impression que tu le penses.

Je me plante au milieu du chemin et me tourne vers elle. Sa façon de déformer toutes mes paroles me met hors de moi.

– Abigail…

– Quoi ?

Et me voilà en train de l'embrasser ! Brusquement, je comprends pourquoi on fait toute une histoire du baiser. Ses lèvres sont douces et sucrées. Je n'ai plus envie de m'arrêter, et elle non plus apparemment. Mais soudain, elle s'écarte de moi et s'essuie la bouche avec le dos de la main. Je me sens honteux.

– Désolé…

– C'est pas grave, murmure-t-elle.

Je vois dans ses yeux qu'elle est aussi déboussolée que moi. Nous nous remettons en marche. En silence. Je voudrais lui prendre la main, mais je crains de l'effrayer. Alors, je marche à côté d'elle, chamboulé par sa présence. Nous arrivons devant la maison et la scierie de sa famille. Elle ouvre la porte du jardin.

Au moment où elle va entrer, je demande :

– Tu crois que Pete est au courant pour ce soir ?

– Je ne sais pas. Je ne sais plus qui raconte quoi à qui.

– Tes parents ne vont pas se dégonfler, hein ?

– Bien sûr que non. Quand mon père dit qu'il va faire quelque chose, il le fait.

– Alors, on se verra ce soir.

– À ce soir, George.

Je parcours le restant du chemin seul, en essayant de chasser ce baiser de mes pensées.

Au dîner, personne ne parle. Père et John sont épuisés et affamés après une journée passée aux champs. Annie picore dans son assiette, le visage marqué par l'inquiétude ; elle comprend à sa façon que nous vivons maintenant dans une vallée divisée : nous, les Gillies, sommes d'un côté de la barrière et la plupart des familles de ses copines d'école sont de l'autre. Nous avons tous les nerfs à fleur de peau à cause de la réunion, sauf Isabel et Teddy.

John aide Père à atteler Mae et Ulysse au chariot. Je fais de mon mieux pour sangler le harnais avec ma seule main valide. Père aide maman, qui tient Teddy dans ses bras, à s'installer sur la banquette. Je grimpe à l'arrière. Will, Annie et Isabel sont réunis dans le jardin pour nous faire au revoir de la main, alors que nous prenons la direction de la maison des Stevens.

Les ombres s'étirent sur le chemin, bien qu'il reste encore une heure de jour. Même Mae et Ulysse semblent avoir la frousse. Quand nous passons devant les ruines de la maison de M. Bell, Mae bronche sans raison, ce qui agace Ulysse, qui tente de la mordre. Père tire sur les rênes et leur parle rudement, ce qui fait pleurer Teddy.

Je ne peux m'empêcher de scruter les buissons, même si les ruines calcinées offrent une vision plutôt triste et solitaire, impression renforcée par les plantes grimpantes et les mauvaises herbes qui ont commencé à pousser autour des poutres noircies. On dirait que la nature a hâte de s'emparer de la propriété de M. Bell, comme s'il n'avait jamais vécu ici. La forêt me donne le sentiment d'être tout petit. Et si elle possédait réellement un esprit, comme l'affirment les Indiens ? Que disait ce poète, déjà ? La nature est comme Dieu : elle juge sans cesse.

En arrivant chez les Stevens, nous ne voyons qu'un seul attelage attaché dehors, le boghei du Dr Thompson. Les deux beaux chevaux bais broutent l'herbe verte au bord du chemin. Mae et Ulysse, mal assortis, font piètre figure à côté. Père se tourne vers moi.

– Où sont les autres ?

– Peut-être qu'ils sont en chemin, dis-je en espérant qu'au moins un ou deux autres colons vont arriver, mais j'ai un mauvais pressentiment.

Père aide maman à descendre avec le bébé. Je les suis vers la jolie véranda des Stevens. Abigail vient nous ouvrir. Elle devait nous guetter.

– Ils sont dans le salon, s'empresse-t-elle de préciser, comme si elle avait peur elle aussi.

Leur maison est tellement impeccable que Père et moi ôtons nos souliers crottés avant de suivre Abigail à l'intérieur. D'épais rideaux encadrent les fenêtres du salon et les meubles viennent de l'Est ; mon attention est attirée par un accordéon, posé contre un mur, dont les touches sont comme des dents d'une blancheur éclatante. Le Dr Thompson et M. Stevens s'avancent pour nous serrer la main quand nous entrons. Maman salue le médecin avec une certaine raideur. Je sens qu'elle n'est pas très heureuse de le revoir. Il tapote le menton du bébé sans prendre la peine de demander comment il s'est rétabli. Teddy grimace et pousse un petit gémissement.

Mme Thompson est assise sur un canapé bleu dont les pieds sculptés représentent des pattes griffues. Elle se pousse pour laisser de la place à maman qui semble gênée de se trouver dans un endroit aussi élégant. Gentiment, Mme Thompson fait asseoir maman et lui prend Teddy en admirant son joli teint. Peu importe que son mari l'ait condamné par avance. Abigail aide sa mère à servir le thé. J'avise un tabouret dans un coin et m'y assois. Père m'a bien recommandé de ne parler que si on m'adressait la parole.

– Il est dommage que d'autres citoyens ne nous aient pas rejoints, dit Père. Mais nous avons déjà six signatures légales. Madame Gillies a une très jolie écriture, ajoute-t-il, faisant rougir maman. Je propose qu'elle écrive la lettre que nous allons rédiger.

Le Dr Thompson et M. Stevens échangent un regard. Cela n'échappe pas à Père qui reprend :

– Je suppose que nous sommes tous d'accord sur le contenu de cette lettre ?

La tension est palpable dans la pièce. Aucun des deux hommes ne semble pressé de répondre et je remarque qu'ils évitent de croiser le regard de Père. Finalement, M. Stevens brise le silence :

– Monsieur Gillies, le docteur m'a convaincu que nous faisions peut-être preuve de précipitation en envoyant cette lettre.

Le Dr Thompson s'exprime à son tour :

– C'est un fait, monsieur Gillies. Songez aux risques encourus si nous nous dressons contre les nôtres de manière aussi irréfléchie.

– Les nôtres ? répète Père. Je ne veux plus avoir aucune relation avec des individus comme Bill Osterman et Dave Harkness. Sans façon.

– Mais les autres… Bill Moultray, Robert Breckenridge et Bert Hopkins, répond M. Stevens. Ce sont des gens bien. Que va devenir Nooksack s'ils sont envoyés dans une prison canadienne ? Et pour quelle raison ? À cause d'un bon à rien, un sauvage ?

Je n'en crois pas mes oreilles. J'ai l'impression d'entendre Annette Bell dire à M. Moultray que la vie de Louie Sam n'avait aucune valeur, alors peu importe si ce lynchage était justifié ou pas.

Je m'exclame :

– Une vie, c'est une vie !

Le Dr Thompson se tourne brièvement vers moi, puis dit à mon père :

– Il est préférable que votre fils attende dehors.

– George est un témoin, répond Père, tout en me jetant un regard noir provoqué par ma sortie. Il sait qui a tué monsieur Bell et ce n'est pas ce jeune Indien.

– Tout le monde sait qui l'a tué !

C'est Mme Stevens qui a pris la parole. Son mari veut la faire taire, mais la femme du médecin prend le parti de son amie.

– Bertha ne fait qu'énoncer la vérité, dit Mme Thompson. Dave Harkness et cette femme ont incité Bill Osterman à tuer monsieur Bell.

– Marvis ! aboie le Dr Thompson.

– C'est un fait, mon chéri, répond-elle calmement en berçant Teddy. Ils sont les seuls à tirer bénéfice de la mort de monsieur Bell. Monsieur Harkness et la veuve Bell peuvent maintenant se marier sans craindre un procès. Et la veuve met la main sur les cinq cents dollars qui devaient revenir à leur fils. Pourquoi monsieur Osterman a-t-il accepté de participer à ce plan diabolique, j'avoue que cela m'échappe, mais il doit avoir ses raisons.

– Si nous accusons Osterman et Harkness, nous accusons également monsieur Moultray… qui se bat pour que nous obtenions le statut d'État, pour le développement et la prospérité de notre communauté, souligne M. Stevens. Nous avons besoin de lui. Nous ne pouvons pas nous permettre de demeurer un coin perdu.

– Exactement, renchérit le Dr Thompson. Qui viendra s'installer ici, qui achètera le bois de monsieur Stevens, si nous sommes privés de la sagesse et des qualités de leader de monsieur Moultray ?

– Ça se résume donc à cela : la cupidité face à la justice ? demande maman.

Elle s'était montrée si discrète jusqu'à présent que tout le monde avait oublié sa présence. Maintenant, tous les regards se braquent sur elle. Le médecin prend un air offensé.

– Je ne vous permets pas de juger de mon sens moral, madame Gillies. En tant que pères fondateurs de cette ville, il appartient aux gentlemen présents ici ce soir d'agir en fonction de nos intérêts et de notre avenir.

– Avez-vous oublié, docteur Thompson, rétorque maman, que les femmes ont le droit de vote désormais, au même titre que les hommes, et que nous avons notre mot à dire concernant notre avenir ?

– Nous verrons combien de temps ça dure, madame. Nous verrons bien. Voilà une preuve supplémentaire de l'incapacité du sexe faible à faire de la politique !

Je vois que Père n'apprécie pas le ton qu'emploie le Dr Thompson avec maman.

– Je vous interdis de parler ainsi à ma femme !

– Alors, contrôlez-la, monsieur !

M. Stevens intervient :

– Je suis navré, monsieur Gillies. Ma femme et moi ne pouvons pas signer votre lettre.

– Idem pour madame Thompson et moi, ajoute le médecin.

Je me tourne vers leurs deux épouses, si promptes à exprimer leur point de vue quelques instants plus tôt. Mme Thompson garde les yeux baissés sur Teddy. Mme Stevens sert le thé pour se donner une contenance. Un effroyable silence s'est abattu sur le salon.

– Très bien, dit finalement Père. Anna, George, on s'en va.

Maman reprend Teddy à Mme Thompson.

– Bonsoir, madame Gillies. C'est un adorable bébé, dit celle-ci comme si rien ne s'était passé.

Je regarde Abigail qui est restée sur le seuil pendant toute la discussion. Elle m'adresse un regard piteux qui me fait comprendre qu'elle n'a d'autre choix que de se ranger du côté de ses parents. Elle glisse vers le coin opposé du salon pour s'écarter au maximum de nous au moment où nous nous dirigeons vers la sortie. Le Dr Thompson est le seul à nous accompagner jusqu'à la véranda.

– Gillies, dit-il à Père, les habitants de cette vallée ont travaillé dur pour obtenir ce qu'ils possèdent aujourd'hui et ils puniront ceux qui se dressent contre eux. Considérez cela comme un avertissement.

Père ne répond pas.

La nuit est presque tombée lorsque Mae et Ulysse nous ramènent à la maison. Tout est si calme qu'il est difficile de déterminer si les ululements d'une chouette proviennent d'un kilomètre ou de cinq. Père se tient droit comme un i.

Au bout d'un long moment, je dis :

– On peut quand même écrire cette lettre.

Père tourne légèrement la tête vers moi. La raideur de sa mâchoire égale celle de son dos et de ses épaules. Il se retourne sans rien dire. C'est maman qui prend la parole :

– N'y pense plus, George.

Soudain, Mae se met à faire des siennes, bientôt imitée par Ulysse. Quelque chose les a effrayés. Une ou deux secondes plus tard, je sens quelque chose moi aussi… une odeur de brûlé. Père fait claquer les rênes en hurlant des « Hue ! Hue ! ». À la sortie d'un virage, nous voyons s'élever de la fumée au-dessus des arbres, en direction de Sumas Creek, en direction de notre maison.

Chapitre trente et un

En voyant la fumée, Père arrête le chariot et me demande de prendre sa place pour continuer jusqu'à la maison. Pendant que je grimpe à l'avant, il saute à terre et fonce droit devant. Il disparaît dans le tournant suivant. Maman serre Teddy contre elle pendant tout le restant du trajet. Ce n'est pas facile de diriger un attelage avec un seul bras valide, d'autant que les bêtes ont décidé de ne pas avancer. Finalement, Ulysse s'arrête carrément et plante ses sabots dans le sol comme seul un mulet peut le faire. J'ai beau lui brailler dessus, il refuse d'aller plus loin. Alors, je descends du chariot, prend Mae par le licou et l'entraîne avec moi pour obliger Ulysse à suivre.

En voyant notre maison, Maman et moi sommes soulagés de constater qu'elle est toujours debout, mais nous voyons les flammes s'élever au-dessus des arbres, du côté de la rivière. Et nous entendons les aboiements furieux de Gypsy. Annie est dehors, avec Isabel. Elles se précipitent à notre rencontre.

– Le moulin brûle ! crie Annie.

– Le moulin brûle ! répète Isabel en écho.

Maman me demande d'arrêter le chariot pour en descendre. Elle dépose Teddy dans les bras d'Annie et lui ordonne de retourner dans la maison avec le bébé et Isabel, et de ne pas en bouger.

– Où sont John et Will ? interroge-t-elle.

– Au moulin avec Père.

Maman s'élance sur le chemin. Après avoir attaché Mae et Ulysse à un arbre, je la suis, à toute allure. En arrivant au bout du chemin, je la vois arrêtée devant la façade du moulin qui n'est plus qu'un mur de flammes. La chaleur du brasier déforme l'air tout autour. Planté aux pieds de maman, Gypsy pousse des gémissements entre deux aboiements.

– Comment ont-ils pu faire une chose pareille ? s'écrie maman.

En regardant les flammes rugissantes, je sais au fond de moi-même que maman a raison. Voilà à quoi faisait allusion le Dr Thompson en parlant de punition. À travers la fumée, j'aperçois John et Will au bord de la mare, en train de remplir des seaux d'eau.

– Retourne à la maison, maman, dis-je. Emmène Gypsy. Protège les petits.

Elle comprend en un éclair ce que je veux dire. Si ces gens nous haïssent au point d'incendier notre moulin, ils pourraient en faire autant avec notre maison. Elle appelle le chien et s'empresse de remonter le chemin, tandis que je cours vers la mare en attrapant un seau au passage pour aider John et Will.

Par-dessus le vacarme du feu et des poutres qui s'effondrent, je leur lance :

– Ça s'est déclaré quand ?

– Y a environ une demi-heure ! crie John. Gypsy n'arrêtait pas d'aboyer. Alors, je suis sorti et j'ai senti la fumée.

Je me retourne vers le moulin avec mon seau plein et vois Will tendre le sien à Père qui s'en sert pour asperger le mur. Mon cœur fait un bond dans ma poitrine quand j'aperçois Joe Hampton à côté de lui. Je me dis qu'avec toutes ces mains, nous avons peut-être une chance de sauver quelque chose. Je donne mon seau à Joe qui pivote pour verser l'eau sur une traînée orange et jaune qui se dirige vers la roue, épargnée jusqu'à présent. Il se débarrasse de la couverture qu'il porte à la manière d'un poncho et me la lance.

– Va la mouiller !

Laissant les seaux à John et à Will, je plonge la couverture dans la mare et trouve assez de force dans ma main gauche pour aider mon bras droit à la ressortir, malgré le poids de la laine gorgée d'eau. Joe l'attrape et s'en sert pour faire reculer les flammes. Je récupère mon seau et retourne le remplir. Maintenant que nous sommes trois à lui apporter des seaux, Père peut asperger efficacement la roue, pendant que Joe se fraye un chemin jusqu'au mur sud, là où elles sont les plus ardentes. Pour l'instant, le feu n'a pas encore atteint le mur nord. Si nous réussissons à arrêter sa propagation, nous sauverons la roue.

John et moi sommes côte à côte au bord de la mare, en train de remplir nos seaux, quand un coup de feu claque dans l'air. Nous regardons immédiatement en direction de la maison, d'où il provenait, saisis par une peur nouvelle. Je me tourne vers Père et Joe. Trop près du grondement du brasier, ils n'ont pas entendu.

– Reste ici, dis-je à John.

Je pose mon seau pour qu'il puisse emporter les deux et je remonte le chemin ventre à terre. Maman est dehors, devant la maison, avec le fusil de Père à la main. Voilà donc l'origine du coup de feu.

– Y en a deux là-bas ! me crie-t-elle.

Je me tourne en direction des aboiements de Gypsy, dans les buissons au bord de la route menant à la maison, et j'aperçois deux points lumineux qui dansent entre les arbres. Des lanternes. Je prends le fusil et lui dis de rentrer dans la maison en verrouillant la porte. Je ne peux me servir de l'arme que pour impressionner. C'est toujours mieux que d'affronter les intrus à mains nues.

Après un dernier aboiement furieux de Gypsy, le silence se fait. Je ne vois plus les lumières des lanternes. Je guette un craquement de brindille, mais tout est calme. Mae, attachée avec Ulysse un peu loin sur la route, pousse un hennissement nerveux. Au clair de lune, je la vois secouer la tête. À pas feutrés, je m'approche du chariot et m'en sers comme bouclier pour scruter les bois, à l'affût d'un mouvement, en vain. Je suis inquiet pour Gypsy qui s'est soudainement tu. Que lui ont-ils fait ?

Je m'écrie :

– Fichez le camp de chez nous ! Je suis armé !

Je perçois un rire étouffé sur ma droite, dans les fourrés, pas très loin. On dirait un gamin.

– Je vous entends ! Je sais que vous êtes là !

Une voix forte me répond, une voix que je reconnais : Tom Breckenridge.

– Et qu'est-ce que tu vas faire avec ton bras cassé ? lance-t-il, moqueur.

– Je sais que c'est toi, Tom !

Je vois la lumière de sa lanterne entre les arbres maintenant et j'entends le bruissement de la végétation tandis qu'il avance vers moi. Une deuxième lumière tressaute derrière lui.

– Tu es avec qui ?

Je ne tarde pas à avoir la réponse en voyant apparaître Pete Harkness.

– À moins que tu aies l'intention de nous frapper avec ton fusil, tu ferais mieux de le poser, George, dit Tom avec un grand sourire. On sait bien que tu ne peux pas viser.

Il se tourne vers Pete pour voir si celui-ci apprécie sa plaisanterie. Pete ricane. Je baisse mon fusil. Même s'il était chargé, je ne pourrais pas leur tirer dessus, en effet.

– C’est vous qui avez provoqué l’incendie ? je demande.

– Quel incendie ? demande Tom sans se départir de son sourire.

– Je dirai au shérif que c’est vous !

– Vas-y, dit Pete. Si tu penses que le shérif va encore t’écouter après tous ces mensonges que tu lui as racontés.

– C’est dommage pour votre moulin, ajoute Tom. J’espère qu’il ne vous arrivera pas d’autre tuile. (Il se tourne vers Pete.) Allez, viens. Il y a une drôle d’odeur par ici, ça pue l’Indien.

– Ou quelqu’un qui aime les Indiens.

– C’est pareil.

Ils émergent des buissons et s’éloignent tranquillement vers la route, comme deux gars qui se promènent le soir.

Je m’écrie :

– Pete !

Tom continue à avancer, mais Pete se retourne vers moi.

– Qu’est-ce que vous avez fait à Gypsy ?

Dans la lumière de sa lanterne, je vois disparaître son sourire suffisant. Et l’espace d’une seconde, je retrouve le Pete d’avant, mon ami. Il a connu Gypsy quand c’était encore un chiot. Dans le temps, quand nous étions petits, nous emmenions nos chiens à la chasse aux lapins et partout.

– C’est pas moi, dit-il.

Il semble abattu, mais la colère reprend brusquement le dessus.

– Tu étais présent cette nuit-là, George. C'est toi qui as eu l'idée de les suivre. Tu as participé. Alors, ne fais pas croire le contraire.

Je le regarde fixement en cherchant désespérément une raison de lui répondre qu'il a tort, qu'il a davantage participé au lynchage que moi, qu'il est coupable alors que je suis innocent. Mais il dit la vérité. J'ai du sang sur les mains, comme lui. La seule différence entre nous deux, c'est que je regrette ce qui s'est passé. Qu'est-ce que ça change pour Louie Sam ?

Pete semble vouloir ajouter quelque chose, mais finalement, il se contente de hausser les épaules et de rejoindre Tom sur la route. Je les regarde partir. Inutile de faire comme si je pouvais changer quelque chose. Ça ne sert à rien.

Chapitre trente-deux

Durant toute la nuit, j'ai aidé Père, Joe et mes frères à sauver ce qui pouvait encore l'être du moulin. La grande roue n'était pas trop endommagée, mais l'arbre de transmission avait brûlé. Père a tout d'abord envisagé de le remplacer, puis il a réfléchi à ce que le moulin pouvait encore nous rapporter, vu que tout le monde dans la vallée, ou presque, s'était retourné contre nous. Alors, le moulin est resté dans l'état où nous l'avons laissé cette nuit-là : deux murs sont encore debout, mais à l'intérieur, tout est détruit et carbonisé.

Dès l'aube, je suis parti à la recherche de Gypsy. Je l'ai retrouvé couché sur le flanc, sous une bûche couverte de mousse. Ses poils autour du cou étaient collés par le sang séché. Il avait été égorgé par Tom Breckenridge. Je sais que nous devrions nous estimer heureux que seul notre chien ait été tué cette nuit-là, mais j'ai quand même pleuré. Pour Gypsy, pour Louie Sam, pour ce crime auquel j'avais participé et que je ne pourrais jamais racheter maintenant que toute la vallée de Nooksack s'efforçait d'étouffer l'affaire du meurtre de James Bell.

Au cours des mois qui ont suivi, des rumeurs ont circulé selon lesquelles le gouvernement canadien essayait de découvrir qui avait conduit le groupe d'autodéfense, mais le gouverneur Newell a quitté ses fonctions en juillet et son successeur, M. Squire, n'accordait pas le même intérêt à cette histoire. Joe Hampton m'a appris que la plupart des Sumas, le peuple de Louie Sam, avaient abandonné leur prairie pour émigrer vers la vallée du Fraser en attendant que justice soit rendue car ils ne se sentaient plus en sécurité loin de la frontière.

Au bout d'un moment, les habitants de Nooksack et des environs ont commencé à se comporter comme s'ils avaient oublié l'existence de M. Bell et de Louie Sam. Bill Moultray, Robert Breckenridge, Bert Hopkins, Dave Harkness et Bill Osterman ont poursuivi leur existence tranquille comme s'il ne s'était rien passé. Alors, je suppose que les Sumas vont attendre longtemps avant d'obtenir justice pour Louie Sam.

À la fin du printemps, Dave Harkness a épousé Mme Bell, faisant d'elle une femme honnête, plus ou moins. Pour célébrer cela, M. Moultray a organisé un bal au-dessus de son écurie. Il paraît que M. Pratt, le père de Kitty, a joué du violon. Nous, les Gillies, n'avons pas été invités. De toute façon, je n'ai aucune envie de me retrouver à côté d'un Harkness, ni de leur parent Bill Osterman. Plus jamais. Abigail est restée chez elle ce soir-là, elle aussi, bien qu'elle adore danser. Quand elle a appris ce que Pete et Tom avaient fait à notre moulin et à Gypsy, elle n'a plus voulu entendre parler d'eux. Je suis heureux de pouvoir dire qu'Abigail, au moins, est toujours mon amie. Enfin, plus que mon amie. On pourrait dire, je crois, que nous sommes amoureux.

Quant à Agnes, elle est retournée vivre avec les Nooksacks. Joe parle de déblayer le terrain autour de leur maison pour devenir fermier. Mais aussitôt après, il ajoute qu'il va se rendre au Canada pour vivre en pleine nature, chassant et posant des pièges comme l'a fait le peuple de sa mère pendant des siècles. S'il s'en va, il me manquera. Ma famille et moi, nous n'oublierons jamais l'aide qu'il nous a apportée pour éteindre l'incendie.

De temps à autre, quand je me promène dans les bois, seul, je me demande si l'esprit de Louie Sam va réapparaître. D'après Joe, il peut se présenter sous la forme d'un corbeau ou d'un coyote, impossible de savoir. J'ai beaucoup réfléchi à ce que je lui dirais si l'occasion se présentait. Je lui dirais que je l'ai trouvé courageux quand il a redressé la tête cette nuit-là, au milieu de tous ces adultes qui vociféraient et l'insultaient. Je lui dirais que je regrette d'avoir gobé si aisément le mensonge de Bill Osterman. Et je lui dirais que je prie pour lui et pour tous les esprits de cette vallée.

POSTFACE

Ce livre est une œuvre de fiction, mais les personnages et les événements principaux sont inspirés de faits authentiques. Le soir du 27 février 1884, tout s'est déroulé ainsi que le raconte George Gillies dans cette histoire, jusqu'au lynchage de Louie Sam.

Il n'a jamais été prouvé que William Osterman, le télégraphiste de Nooksack, avait assassiné James Bell. Néanmoins, les documents d'époque montrent que juste après la mort du jeune Indien, la communauté Sto-lo présenta aux autorités canadiennes des preuves de sa culpabilité. Elles reposaient sur le récit fait par Louie Sam de sa visite à Nooksack pour demander du travail à Osterman, le matin même de l'assassinat de James Bell. Les Sto-lo se disaient convaincus que William Osterman avait attiré le jeune Indien à Nooksack afin de servir de bouc émissaire pour le meurtre qu'il s'apprêtait à commettre.

Osterman n'avait pas de raison évidente d'assassiner Bell, si ce n'est l'amitié qui le liait à son beau-frère, Dave Harkness. En revanche, ce dernier et Annette Bell ne manquaient pas de mobiles. Celle-ci hérita des cinq cents dollars destinés à leur fils et des six cents dollars que rapporta la vente de la propriété, sommes avec lesquelles les Harkness ouvrirent un magasin de tissus et d'articles de bonneterie. Bill Osterman fut chargé d'estimer la propriété de M. Bell et il préleva sa commission au passage. Dave Harkness mourut l'année suivante, en 1885. Son épouse continua à gérer la boutique et le bac. Dans le recensement de 1885 du comté de Whatcom, elle apparaît comme commerçante. Elle épousa par la suite l'ami de Dave Harkness, Jack Simpson.

Le Territoire de Washington obtint le statut d'État en 1889. Bill Moultray fut élu au premier sénat de l'État et conserva ce poste pendant de longues années. S'il est vrai que les femmes obtinrent le droit de vote sur le Territoire de Washington en 1883, ce droit leur fut retiré en 1887 par un jugement de la Cour suprême locale. Elles ne le retrouveraient qu'en 1910, au niveau de l'État, et en 1920 au niveau fédéral.

Les archives indiquent que George Gillies, né en Angleterre, émigra en Amérique avec ses parents Peter et Anna nés en Écosse, sans doute dans les années 1870, quand Peter Gillies construisit un moulin sur la Sumas Creek. D'après une interview accordée en 1946 au *Abbotsford, Sumas and Matsqui News*, par un George Gillies devenu vieux, ses frères et lui découvrirent le corps de James Bell le 24 février 1884, alors qu'ils se rendaient au catéchisme. Toutefois, le personnage de George Gillies tel qu'il apparaît dans ce livre est une invention. J'ai pris des libertés avec sa lente prise de conscience de l'injustice qui avait frappé Louie Sam et avec les persécutions subies ensuite par sa famille.

Craignant une guerre transfrontalière entre la communauté Sto-lo et les colons américains, les gouvernements de la Colombie-Britannique et du Canada promirent aux Indiens d'agir rapidement. Moins de quinze jours après la mort de Louie Sam, les autorités canadiennes envoyèrent deux inspecteurs dans la vallée de Nooksack pour identifier les meneurs de la troupe. Les menaces à l'encontre de M. Clark ainsi que les soupçons concernant les manipulations de M. Osterman sont eux aussi bien réels.

Finalement, ni les autorités canadiennes ni les autorités américaines n'étaient déterminées à voir la justice triompher. Après avoir promis au gouvernement de Sir John A. Macdonald, à Ottawa, de poursuivre l'enquête, les Américains se désintéressèrent de la question. En juillet 1884, le gouverneur Newell du Territoire de Washington écrivit :

Il est quasiment impossible de démasquer une bande d'individus déguisés qui, comme toute la communauté, veut protéger un secret lié à des actes aussi illégaux et violents.

En d'autres termes, alors que les identités des meneurs étaient connues de tous, les autorités américaines firent corps avec les colons de la vallée de Nooksack. Dès lors, il revenait au Canada d'entreprendre une procédure d'extradition, mais le gouvernement n'utilisa pas les preuves réunies par M. Clark, de peur de mettre en danger ses relations avec les États-Unis.

En quelques années seulement, la population de la communauté sto-lo dans la vallée du Fraser diminua à cause des maladies importées par les Européens. L'afflux de colons modifia les ratios de population, si bien que les Sto-lo devinrent une minorité sur leur propre terre. La peur d'un soulèvement indien se trouvant atténuée par cette baisse de la population, le gouvernement canadien renonça finalement à rendre justice à Louie Sam.

Mais le meurtre du jeune Indien resta une plaie ouverte pour la communauté Sto-lo. La cicatrisation ne débuta qu'en 2006 quand le corps législatif de l'État de Washington, par le biais d'une résolution, témoigna sa sympathie aux Sto-lo pour le lynchage, reconnaissant que, comme la Colombie-Britannique, « ils n'avaient pas su prendre des mesures adéquates pour identifier le véritable meurtrier et traduire en justice les organisateurs et les membres du groupe d'autodéfense ». Ce n'étaient pas des excuses officielles, mais la reconnaissance de l'innocence de Louie Sam.

Outre la description de l'effroyable scène de lynchage, le plus difficile dans l'écriture de ce roman fut d'offrir un portrait fidèle du racisme au XIXe siècle. Les Amérindiens formaient une catégorie à part dans la hiérarchie du sectarisme qui visait, entre autres, les Afro-Américains, les Chinois et les Irlandais. Les Amérindiens étaient craints et vilipendés par de nombreuses personnes, surtout par les colons installés dans l'Ouest, qui les considéraient comme des sauvages hostiles. À l'inverse, d'autres les idéalisaient en les présentant comme des enfants primitifs vivant dans un environnement naturel d'avant la civilisation. Les missionnaires, eux, voyaient dans les peuples aborigènes des païens auxquels il fallait apporter le salut chrétien, et ils s'attaquèrent à cette tâche, détruisant ainsi les cultures et les langues des Premières Nations et favorisant la propagation des maladies venues d'Europe comme la variole, la tuberculose, les oreillons et la rougeole, qui décimèrent des populations indiennes dans toute l'Amérique du Nord.

Heureusement, de nos jours, les Sto-lo constituent une communauté florissante composée de onze tribus, parmi lesquelles les Sumas, qui œuvre pour l'autonomie et la préservation de leur culture. Je crois savoir que, aujourd'hui encore, le souvenir de Louie Sam reste très présent dans la culture sto-lo, comme un rappel essentiel du racisme, de l'injustice et des pertes subis par le Peuple de la Rivière.

Elizabeth Stewart

DERNIERS TITRES PARUS DANS LA MÊME COLLECTION

L'été où papa est devenu gay, **Endre Lund Eriksen**
traduit du norvégien par **Aude Pasquier**

« 29 juin, 15 h 33

On a passé un super été, même si nos pères sont devenus gays. Il a fait tellement beau qu'on s'est baignés presque tous les jours. On a pêché des tas de poissons dans le trou d'eau. Certains étaient tellement gros qu'on les a gardés au lieu de les rejeter dans la rivière comme d'habitude. (On les a donnés au chat de Lisbeth pour éviter que nos pères aient la bonne idée de les faire cuire ; la truite, ça pue.) On a mangé des framboises sauvages et piqué des fraises chez Dieter. Et on est montés plein de fois s'asseoir en haut de la colline Højemåsen. Sans parler. Juste pour contempler l'endroit où vient s'encaisser le fjord de Thordukku. »

(Extrait du chapitre 1)

La Voix de la meute, Tome 1 - Les Remplaçants, **Gaia Guasti**

« Le brouillard ne s'était pas levé de la journée.

Désormais, le voile blanchâtre qui couvrait l'horizon se colorait de rouge dans l'heure du couchant.

Comme chaque vendredi, Mila descendit seule à l'arrêt du car scolaire des Trois Chemins.

Rosalie lui fit signe par la vitre et Mila put lire sur ses lèvres : À lundi, tête de pioche.

Mila sourit, le bus ferma ses portes et s'éloigna le long de la départementale, immédiatement avalé par le mur de brume.

Elle entendit le bruit du moteur disparaître et laisser la place à un silence profond, ouaté. Puis, une salve d'aboiements éclata au loin.

Chasseurs, pensa Mila.

Peut-être que le père de Ludovic était de la partie.

Elle regarda les deux sentiers qui naissaient de la départementale et s'éloignaient dans des directions opposées, en coupant à travers les champs.

Au bout d'une des voies, sa maison l'attendait, à la lisière d'une colline parsemée d'arbustes et de chênes verts.

Mais Mila se dirigea vers l'autre chemin, celui qui aboutissait à la résurgence, au pied de la montagne que l'on appelait le Serre des Âmes.

Elle frissonna à l'idée de se glisser dans la mer blanche qui engloutissait le sentier. Considéra un instant l'hypothèse de manquer au rendez-vous. Après tout, dans le car, Rosalie le lui avait déconseillé. »

(Extrait du chapitre 1)

Super, Endre Lund Eriksen
traduit du norvégien par Pascale Mender

« Voici la nouvelle Julie :

Je vais en boîte et on m'invite aux soirées, je traîne près du vendeur de hot-dogs et je parle aux garçons. Je souris plus souvent et je suis drôle. J'ai de la personnalité et de la répartie. Je suis une personne qu'on aime. Une personne que j'aime, moi.

Je ne suis plus anxieuse, nerveuse, timide. Je ne reste plus à la maison avec les parents quand les autres sortent, discutent, draguent.

No more miss nice girl. No more miss boring. (Fini Mademoiselle Parfaite. Fini Mademoiselle Rasoir.) À partir d'aujourd'hui, je suis The Queen of the World.

Et c'est maintenant que ça commence. Là, maintenant. »

(Extrait du chapitre 1)

Pas assez pour faire une femme, Jeanne Benameur

« Je suis nue.

Lui aussi. Tout près de moi.

La tête sur son coude replié il me regarde.

Tout à l'heure il a enlevé ses petites lunettes rondes cerclées de métal et j'ai aimé voir ses yeux. Son vrai regard. Comme si les yeux aussi pouvaient être nus. Tout son visage offert.

J'ai pris son visage dans mes mains et je me suis sentie transportée d'amour. Pour ce visage, ce corps, l'odeur de sa peau, son épaule. Lui. Tout lui. Complètement présent pour moi. Rien que pour moi.

J'en avais tellement rêvé. Et je pensais tellement que c'était impossible. »

(Extrait du chapitre 1)

Plus qu'une vie, Kate Kae Myers
traduit de l'anglais (États-Unis) par **Jean Esch**

« La vie est une succession de souffles légers. Et en un seul souffle, tout peut changer.

Inspiration.

Finir les céréales avec mon frère Jack. Quitter la maison en courant.

Expiration.

Plaisanter pendant qu'on faisait la vaisselle. Tirer un coup de feu.

Inspiration.

Prendre des notes sans intérêt en cours d'histoire. Le proviseur qui vient me chercher en classe. Apprendre la nouvelle au sujet de mon frère.

Expiration.

Tout ça en un souffle léger. »

(Extrait du chapitre 1)

Sacrifice à la lune, Marcus Sedgwick
traduit de l'anglais (États-Unis) par **Valérie Dayre**

« Le soleil ne se couche pas.

C'est la première chose que remarque Eric Seven sur Blessed Island. Il remarquera bien d'autres phénomènes étranges avant que l'oubli ne s'empare de lui, mais cela viendra plus tard.

Pour le moment, debout au sommet d'une colline déserte de l'île, il vérifie l'heure à sa montre puis reporte son attention sur l'horizon où le soleil devrait décliner. Il est minuit passé, or l'astre continue de briller, effleurant à peine de son disque scintillant la mer étendue à perte de vue.

L'île est si loin au nord.

Il secoue la tête.

Il pense à Merle. À son regard où semble luire une attente. Au calme qu'il a éprouvé du simple fait de se tenir près d'elle.

– Eh bien, il en va ainsi, dit-il avec un sourire émerveillé.

Il est fatigué. Son voyage a été long. »

(Extrait du chapitre 1)

Desert Angel, **Charlie Price**

traduit de l'anglais (États-Unis) par **Valérie Dayre**

« La bagarre démarra après minuit, Scotty bourré, la mère d'Angel pétée au crack. Comme ça ne se calmait pas, Angel quitta la caravane pour aller dormir à proximité, dans un petit creux formé par un fossé de drainage. À l'abri des vents nocturnes, isolée des cris et des menaces, Angel put se pelotonner dans sa robe de chambre et regarder les étoiles. Voilà longtemps qu'elle ne faisait plus de vœux. À quatorze ans, elle avait passé l'âge. Quand elle s'éveilla à l'aube, la camionnette était partie, la caravane était vide. Sur la cloison intérieure près de la porte, il y avait du sang. »

(Extrait du chapitre 1)

Que deviennent les enfants quand la nuit tombe ? **Jean-Paul Nozière**

« Nous habitions la ferme depuis deux ans quand c'est arrivé. Je n'oublierai jamais cette journée, même si je dois vivre mille ans. La ferme n'en était plus une depuis longtemps. Quand mes parents ont acheté les bâtiments, pour une bouchée de pain, seuls les murs tenaient debout. Et encore. Mais il y avait beaucoup de terrain autour et papa disait qu'on pouvait faire quelque chose de sensationnel de la propriété.

– Il va falloir se retrousser sérieusement les manches et ne pas se montrer fainéants ! s'était-il exclamé, en shootant nerveusement dans une des nombreuses touffes d'orties qui envahissaient la cour.

Il s'était tourné vers moi, les sourcils en accent circonflexe, son regard évaluant à la fois la minceur excessive de mon corps de fille de quatorze ans et mes aptitudes à un travail de maçon. Mon père estimait que je m'intéressais trop aux mannequins des magazines de mode.

– Tes jolies mains vont déguster, Bertille. Je crois que nous devrions commencer par nous munir d'une collection de gants blindés.

"Gants blindés" était son genre d'humour ! »

(Extrait du chapitre 1)

Mary-Lou, **Stefan Casta**

traduit du suédois par **Agneta Ségol**

« C'est l'heure de pointe. Du moins pour moi. Notre cours de dessin de l'après-midi a eu lieu en plein air et je suis resté après les autres, ce qui m'a mis en retard. Je sors du métro à Skanstull et je me fraye un passage à travers la foule.

Comme d'habitude, je jette un regard dans la vitrine de la poissonnerie Göta Fisk. Il y a une pub pour du chien de mer. Tout en traversant Götgatan je me demande comment on cuisine le requin. À la poêle ou au court-bouillon ? Deux types dans une Peugeot 306 cabriolet me sortent de mes réflexions en me klaxonnant et je me réfugie sur le trottoir avec mon carton à dessins plein de croquis sous le bras.

C'est la première voiture décapotable que je vois cette année et je me fais la réflexion que l'été ne va pas tarder. On est mi-avril, l'air est doux et un soleil pâle, presque argenté, brille sur le quartier de Söder.

Cela explique peut-être pourquoi je ne la vois pas. Mes pensées sont trop occupées par l'été qui attend, par mes projets et par une petite inquiétude qui me ronge.

Tout d'un coup, je heurte quelque chose et je sens une douleur foudroyante dans mon pied droit. Je me retrouve à quatre pattes avec un million d'anges blancs voltigeant de façon incontrôlée autour de moi. Je dois avoir l'air complètement ridicule. »

(Extrait du chapitre 1)

L'Heure de la vengeance, **Jan Chr. Næss**
traduit du norvégien par **Pascale Mender**

« Comme une méduse dans une mer d'azur, le soleil flottait dans le ciel. Il clapotait contre la fenêtre de ma chambre quand je me réveillais, et quand je me couchais, la brûlure était encore là, dans tout le corps.

La nuit, j'étais en nage et je me retournais dans mon lit sans réussir à dormir.

C'est à la fin de cet été-là que j'ai frappé à la porte de l'enfer.

Difficile d'avoir les idées claires quand le soleil ne te laisse aucun répit.

Difficile de prendre la bonne décision.

Il y en a un qui en a pris une sacrément mauvaise, de décision : Fanny a été tuée dans la maison d'à côté. Victime de coups portés à l'aide d'un objet contondant pendant que je suffoquais dans mon lit sans trouver le sommeil. »

(Extrait du chapitre 1)

Goodbye Berlin, Wolfgang Herrndorf
traduit de l'allemand par Isabelle Enderlein

« La nuit de samedi à dimanche. Quatre heures, avait dit Tschick. Ce serait la meilleure heure. Quatre heures du matin. J'ai presque pas dormi. J'ai somnolé la moitié de la nuit pour me réveiller illico quand j'ai entendu des pas sur notre terrasse. J'ai foncé vers la porte. Tschick était là, dans la pénombre, un sac de marin sur l'épaule. On chuchotait sans raison aucune. Tschick a posé son sac de marin dans notre vestibule, et puis on est partis.

En rentrant de Werder, il avait laissé la Lada dans la rue où elle était censée être le reste du temps. C'était à dix minutes de chez nous. En y allant, un renard a déboulé à nos pieds en direction du centre, un véhicule de nettoyage de la ville est passé en chuintant, et une retraitée expectorante a croisé notre chemin. Au finish, on se faisait plus remarquer qu'en plein jour. À trente mètres de la Lada, Tschick m'a fait signe d'attendre. Je me suis collé contre une haie, le cœur battant. Tschick a sorti une balle de tennis jaune de sa poche. Il a pressé la balle contre la poignée de la Lada et a appuyé dessus du plat de la main. Je comprenais pas bien en quoi c'était utile, mais Tschick a lancé dans un sifflement : “Les pros en action !” Puis il a ouvert la porte et m'a fait signe de le suivre. »

(Extrait du chapitre 1)

Samien, la Conquête de la planète froide, Colin Thibert

« Depuis son installation dans le comté du Vomer, Samien accompagnait Bolumir presque tous les jours, à la chasse ou à la pêche. Il appréciait la bonne humeur inaltérable du petit homme et ses talents de pisteur. Il n'y avait pas un sentier, pas une grotte, pas une source dont Bolumir ignorât l'existence. Il connaissait les habitudes de tous les animaux sauvages et savait lire leurs traces. À partir d'une laisse, d'une plume ou d'une touffe de poils accrochée à un épineux, il était capable de déduire l'âge de la bête, son poids, la direction qu'elle avait prise.

À l'instar de la plupart des natifs du comté, Bolumir était court sur pattes, vêtu de braies et d'une cotte rougeâtre, assortie à sa carnation. Il portait généralement un gros bonnet et des mitaines qu'il tricotait lui-même. Le contraste avec Samien, élancé, élégant et noir de peau, était plaisant. Les deux hommes s'appréciaient et se comprenaient à demi mot. Bien que Samien restât plutôt discret sur son passé, Bolumir devinait qu'il avait traversé nombre d'épreuves. Le fait qu'il ait bourlingué à travers l'Outremonde et soit originaire des Kraspills, la plus haute chaîne de montagnes du Sarancol, forçait également son respect. »

(Extrait du chapitre 1)

***Fuir les taliban*, André Boesberg**
traduit du néerlandais par **Emmanuèle Sandron**

« Des vautours se laissent porter dans le ciel bleu par les courants ascendants. L'ombre des montagnes se profile au loin. J'essaie de maîtriser ma respiration, de ne pas penser. Il pèse un tel silence sur le stade ! Difficile d'imaginer qu'avant, on jouait au football, ici. J'essuie mon front en sueur du revers de la main. Je me lèche les doigts, pour le sel, aussi précieux en été que le bois en hiver.

Regard furtif vers Obaïd. Il a les yeux fixés sur un point devant lui, le visage impénétrable, les mâchoires serrées. Si mes parents et Taya, ma sœur, savaient que je suis ici ! Mais ils l'ignorent, et je ne veux pas qu'ils l'apprennent. Je sens qu'il va se passer tant de choses cet après-midi. Des choses dont je n'ai encore qu'une vague idée. Des choses que je voudrai effacer le plus vite possible de ma mémoire.

"Le mieux, c'est d'oublier", dit toujours Obaïd.

Il sait de quoi il parle, il en a déjà vu beaucoup plus que moi. »

(Extrait du chapitre 1)

Cet ouvrage a été achevé d'imprimer sans procès
pour le compte des éditions Thierry Magnier sur Roto-Page
par l'Imprimerie Floch à Mayenne en juillet 2014
Dépôt légal : août 2014
N° d'impression : 87135
Imprimé en France